U0801172

工程管理专业本科课程体系与教学体系国际比较与发展研究

王旭育　刘忠辉　著

同濟大學出版社
TONGJI UNIVERSITY PRESS

内 容 简 介

本书围绕高等院校工程管理专业培养过程中的课程体系和教学体系进行了境内外院校调研，对院校在该专业的培养目标、课程设置、课程内容、教学方法及教学管理等进行了全面分析。同时，对境内外工程管理专业评估认证标准进行了分析探讨。基于以上研究，对国内工程管理专业课程体系与教学体系建设及人才培养提出了建设性意见。

本书辨析工程管理人才需求，拓展专业人才培养内涵，为工程管理教育向纵深发展，深入推进新工科专业改革提供参考依据。可作为高等院校工程管理专业人士和教育教学管理者的参考用书。

图书在版编目（CIP）数据

工程管理专业本科课程体系与教学体系国际比较与发展研究 / 王旭育，刘忠辉著 . -- 上海：同济大学出版社，2019.12

ISBN 978-7-5608-8866-8

Ⅰ . ①工… Ⅱ . ①王… ②刘… Ⅲ . ①高等学校－工程管理－课程设置－对比研究－世界 Ⅳ . ① F40-4

中国版本图书馆 CIP 数据核字（2019）第 278474 号

工程管理专业本科课程体系与教学体系国际比较与发展研究

王旭育　刘忠辉　著

责任编辑　姚烨铭　　责任校对　徐春莲　　封面设计　张　微

出版发行　同济大学出版社　www.tongjipress.com.cn

（地址：上海市四平路 1239 号　邮编：200092　电话：021- 65985622）

经　　销　全国各地新华书店

印　　刷　江苏凤凰数码印务有限公司

开　　本　787mm × 960mm　1/16

印　　张　6.75

字　　数　135 000

版　　次　2019 年 12 月第 1 版　　2019 年 12 月第 1 次印刷

书　　号　ISBN 978 - 7 - 5608 - 8866 - 8

定　　价　46.00 元

前　言

随着工程管理专业第五轮学科评估的进行，工程管理专业已经走过了二十多个年头，专业建设向纵深发展的同时，又遇到“新工科”、卓越工程师教育、大数据、智能化和BIM等新挑战，工程管理教育在面向未来、辨析工程管理人才需求、拓展专业人才培养内涵方面亟需目标引领。本书围绕培养过程中的课程体系和教学体系进行了境内外院校调研和评估认证标准的比较，本着学生中心、成果导向、持续改进的理念为专业发展建言献策，以国家一流本科专业建设为契机，巩固本科教育，深入推进新工科的专业改革。

本书的出版得到了诸多老师和同学的帮助，感谢阮青松教授对该项本科教学改革的支持，感谢乐云、王广斌、唐代中等教授在专业发展上给予的启示，感谢工程管理专业戴淑媛、杨枫蕊、马骏祎、周猛、韩楠馨五名同学的积极参与。同时，还要感谢同济大学“国家创新发展”交叉学科领域一流学科建设资金、同济大学经济与管理学院对本书出版给予的资助。

作　者

2019年12月于同济

目　录

1　工程管理专业概述

1.1　对工程管理的基本认识

工程管理是一个横跨技术与管理的学科，相比于工程技术类专业和管理类专业，其最大的特征是复合型，其研究对象是探究专门技术（如土木、机械、化工等）的管理规律。美国工程管理学会（American Society for Engineering Management，ASEM）认为，工程管理是一门关于计划、组织、资源分配以及指导和控制，带有技术成分经济活动的科学和艺术。不仅包括了项目管理，同时也包括了所有以科学、技术为基础机构的商业运作，如系统工程、产品与服务的开发、长期的商业和技术发展战略等。中国工程院（Chinese Academy of Engineering）是中国工程技术界最高荣誉性、咨询性学术机构，它把工程管理界定为 4 个方面：重大工程建设实施中的管理（包括规划、论证、勘设、施工、运行管理等）；重要、复杂的新型产品、设备制造和生产过程中的管理；重大的技术革新、改造、转型、转轨及与国际接轨中的管理；涉及产业、工程、科技的重大布局和战略发展的研究管理。

在我国，工程管理具有广义和狭义两种内涵，广义的工程管理如上所述，狭义的工程管理主要面向建设行业。就目前我国高校的工程管理专业设置情况而言，主要是建设工程管理，是一种狭义的工程管理。

1.1.1　工程管理的内涵

工程管理是特定产业环境中对特定建设工程实施的技术性集成化管理活动过程，自人类开始进行工程建设起，就产生了对工程管理的需求和实际应用。工程管理涉及建设工程项目全过程管理和参与建设工程项目的各个单位对工程的管理，其中，建设工程项目全过程管理包含项目决策阶段、实施阶段和使用阶段（或称运营阶段、运行阶段）三个阶段，项目各参与单位包括项目投资方、开发方、设计方、施工方、其他咨询方以及使用阶段的管理方等（图 1-1）。

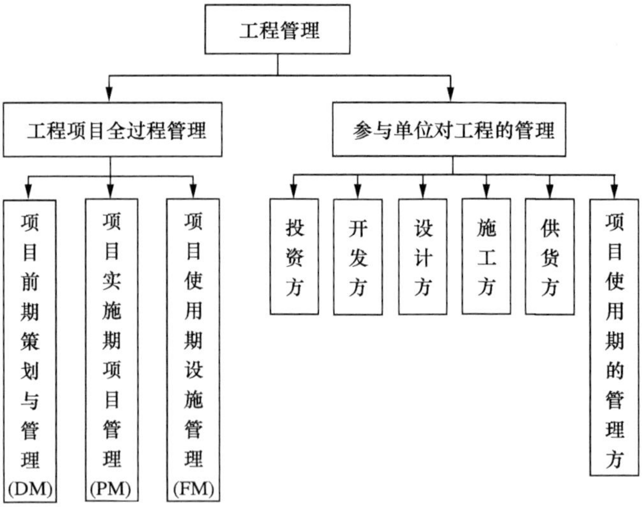

图 1–1　工程管理的内涵

1.1.2　工程管理的任务

工程管理的核心任务是从项目全生命周期考虑为项目增值服务，包括为项目建设增值和为项目使用（运行）增值。为项目建设增值的主要任务是优化项目目标的实现（提高工程质量、控制投资和进度）和确保建设安全。为项目使用（运行）增值包含六个方面任务，即确保工程使用安全、有利于环保、有利于节能、满足最终用户的使用功能、有利于降低工程运营成本和有利于工程维护。

工程管理各参与方的具体工作任务如图 1–2 所示，DM（Development Management）指的是项目前期的开发管理，PM（Project Management）指的是项目管理，FM（Facility Management）指的是设施管理。

项目决策阶段的管理工作属于项目前期的开发管理，即上述的 DM。其主要任务是确定项目的定义，即明确将要开发或建设项目的任务、目标和意义。项目定义基于对所要开发的项目进行策划，它包括下述调查、分析和科学论证工作:

（1）建设环境和条件的调查和分析；

（2）项目建设目标论证与项目定义；

（3）项目结构分析；

（4）与项目决策有关的组织、管理和经济方面的论证与策划；

（5）与项目决策有关的技术方面的论证和策划；

（6）项目决策的风险分析；等等。

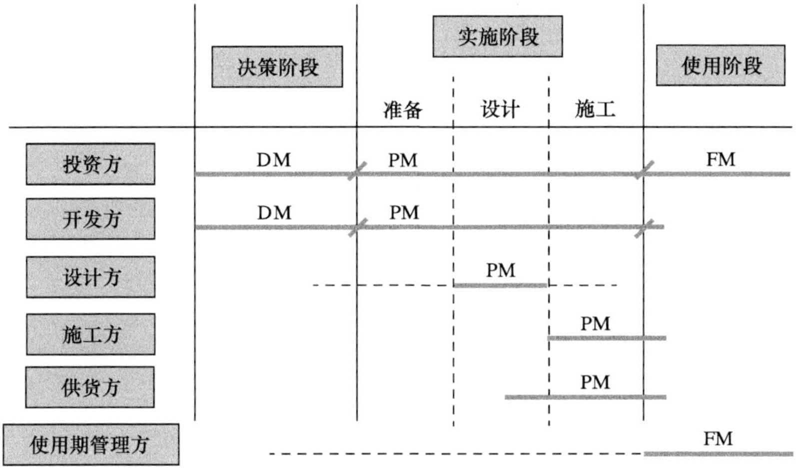

图 1–2　工程管理的参与方和工作任务

按照我国传统的基本建设程序，该阶段的主要工作是编制项目建议书和可行性研究报告等。

项目实施阶段的管理工作属于项目管理范畴，即上述的 PM。其主要任务细分成几个工作阶段，如设计准备阶段、设计阶段、施工阶段、动用前准备阶段和保修阶段。设计准备阶段的主要工作有编制设计任务书、确定通过设计竞赛还是设计招标选择设计单位并组织实施；设计阶段的主要工作有初步设计、技术设计和施工图设计；动用前准备工作主要有竣工验收等。英国皇家特许建造学会（The Chartered Institute of Building，CIOB）对项目管理的表述是“自项目开始至项目完成，通过项目策划和项目控制，以使项目的费用目标、进度目标和质量目标得以实现”。

项目实施阶段的策划工作区别于决策阶段的策划，其主要任务是定义如何组织开发和建设，包括下述工作：

（1）项目实施的环境和条件的调查与分析；

（2）项目实施的分析和再论证；

（3）项目实施的组织策划；

（4）项目实施的管理策划；

（5）项目实施的合同策划；

（6）项目实施的经济策划；

（7）项目实施的技术策划；

（8）项目实施的风险策划；等等。

项目使用阶段的管理工作主要为设施管理，即上述的 FM。其主要任务是物业资产管理和设施运行管理。资产管理包含财务管理、空间管理和用户管理；设施运行管理包含维修和设施现代化。它是项目使用期管理方的工作，其核心任务是使设施得到保值和增值，与目前国内物业管理的概念是有区别的。

1.1.3 工程管理的作用

近年来，随着科学技术的发展与社会经济活动的延伸，大型工程作为社会发展的标志以及推动经济发展的动力，越来越多地出现在人们的面前。大型工程建设规模庞大，建设环境复杂，这为工程的建设管理带来了新的挑战。众多大型工程事故案例表明，技术问题仅是导致事故发生的表面原因，而本质的原因则是组织管理所存在的问题。工程管理承担了工程立项、建设、运行维护中的决策、组织、计划、控制和经济分析等相关的专业性工作，其涉及知识面广，几乎涉及所有工程类相关专业，具有超专业特性，同时又有自己的知识体系。在工程专业群中，工程管理的作用体现在以下三个方面。

（1）具有集成作用。对工程系统和过程进行整合、集成、协调和创新，侧重解决综合性强的工程问题。尤其在大型工程中，通过分析工程系统性特征，提炼由工程规模、技术难度、工程环境等系统复杂性带来的关键问题，最后通过工程决策、综合控制、创新管理及组织协调等管理方法来综合解决这些问题。

（2）在工程中进行可行性研究、工程价值评价、计划和决策，对工程领域有价值引领作用。工程管理中的工程咨询就是通过调查研究项目区域的经济发展规划，分析项目建设的必要性，技术是否可行，并对项目建成以后可能取得的财务、经济效益及社会影响进行评价，从而提出该项目是否值得投资和如何建设的咨询意见。

（3）作为管理知识平台，对其他工程专业有支持作用。工程管理是一个学科跨度较大、边缘效应较丰富的综合系统学科，涉及土木、水利、交通、机械及化工等专业，工程技术内容包罗万象，如中国海洋大学张勤生教授指出，海洋防灾减灾系统工程是工程管理学科的一项重要研究问题；国家自然科学基金委员会在 2005 年项目申报指南中计划由工程与材料学科和管理科学学部联合资助“煤矿生产重大安全事故的形成机理及其管理方法研究”项目，这充分说明了工程管理学科对于各工程专业的重要性，并具有区别于其他管理类学科的特征。

1.2 工程管理专业的发展

现代体系化的工程管理专业教育始于工业革命时期，而独立的工程管理本科专业则形成于20世纪50年代。

1.2.1 国内发展历程

我国工程管理专业的起始可追溯到20世纪50年代，一批留学苏联和英美国家的工程经济专家相继开设了技术经济学科及相应的专业，主要研究项目和技术活动的经济分析，如项目评价与可行性分析等。与此同时，随着中国大规模基本建设对工程管理专业人才的需求，出现了工程管理相关专业，如：1956年同济大学设置建筑工业经济与组织专业，西安建筑工程学院设置建筑工业经济组织与计划管理专业，学制五年。这是中国在高等教育体系中首次将工程管理设置为独立的本科专业。

1978年以后，随着改革开放与经济体制改革，基本建设投资规模迅速增长，建筑业逐步成为国民经济的支柱产业，对工程管理专业人才需求也随之增加，国内部分院校相继恢复或开设了工程管理专业。这一时期出现了与工程管理专业相类似的专业科目名称，如1978年原西安冶金建筑学院的建筑管理工程专业；1980年同济大学、原重庆建筑工程学院、原哈尔滨建筑工程学院的建筑经济与管理专业，华中科技大学（原华中工学院）的物资管理工程；1981年哈尔滨建筑大学的建筑管理工程、房地产经营管理、国际工程管理等专业，天津大学的基本建设管理工程专业等。20世纪80年代中期至90年代初期，随着国际工程承包企业对外向型、复合型国际工程管理人才需求的增多，以及国内房地产业的快速发展，部分高校开始增设国际工程管理、涉外建筑工程营造与管理、房地产经营管理等专业。

工程管理作为一个独立专业在几十年曲折的发展历程中，专业名称也是几经变化。我国高校本科专业先后经历过几次修订，直至1998年教育部颁布的《普通高等学校本科专业目录》中，出现了工程管理这一新兴的、综合的专业科目。当时根据国家教委关于院系专业科目合并调整的指示精神，对原有相关专业包括建筑管理工程、基本建设管理工程、管理工程、房地产经营管理、物业管理、物资管理、涉外建筑工程营造与管理、国际工程管理、技术经济、投资管理等专业进行了合并，正式成为管理科学与工程一级学科下设专业。2012年，教育部颁布新的《普通高等学校本科专业目录》，又将“工程管理”拆分为工程管理、房地产开发与管理、工程造价和物业管理四个本科专业。

中国工程管理本科专业历经半个世纪的发展，其招生规模已成为管理学门类下管理科学与工程类专业中第一大本科专业，土建类本科专业中仅次于土木工程专业的第二大本科专业。据不完全统计，全国有300多所大学设有工程管理专业。它的一级学科是管理科学与工程，多数大学将该专业设在管理学院（或经济与管理学院），少数几个大学如清华大学、东南大学、中南大学等设在土木工程系。由于各高校工程管理专业历史发展历程各不相同，因此在专业方向设置、院系设置以及研究方向等方面都存在一些差异。

为指导全国高等院校工程管理专业的建设与发展，原建设部于1989年成立了全国高等学校建筑管理工程学科专业指导委员会，经两次更名，于2013年定名为高等学校工程管理和工程造价学科专业指导委员会。主要职能是促进工程管理专业、学科的教育教学改革；提高专业教育质量；制订相关指导性教学文件；组织编写工程管理专业主干课程教材；协助制订工程管理专业教育评估标准；组织与国外高校相关专业开展教学与学术交流。1998年，原建设部成立了高等教育工程管理专业评估委员会，1999年开始对国内高校工程管理专业进行五年一次的（本科）评估工作。截至2018年年底，全国已有37所高校工程管理专业通过了高等教育工程管理专业（本科）评估。

为更好地与国际工程管理教育接轨和学历互认，高等教育工程管理专业评估委员会分别于2002年和2006年起与英国皇家特许建造学会和美国工程管理教育委员会（American Council for Construction Education，ACCE）签订五年一期的工程管理专业学士学位评估互认协议，对于双方直接评估通过的工程管理专业学位互相认可，确认对其毕业生申请中英美相应专业执业资格或会员时，享有对等的专业教育地位。英国皇家特许建造学会是全球最具影响力的国际专业学会之一，其会员资格在国际建筑行业中得到广泛认可；美国工程管理教育委员会是美国高等教育认证委员会（CHEA）认可的工程管理专业教育的评估与认证机构。

1.2.2 国外发展历程

1. 英国

英国作为最早爆发工业革命的国家，工程领域在国际上的地位毋庸置疑。

英国皇家特许建造学会是一个主要由从事建筑管理的专业人员组织起来的、涉及建设全过程管理的专业学会。学会成立于1834年，至今已有180多年的历史。自成立之日起，学会一直是在建筑业内建立、推行以及维护最佳标准的先驱，并且以全球的眼光和步伐致力于建造环境中建筑管理人才的培养和教育。CIOB是英国唯一涉及建筑管理专业的权威团体，也是英国建筑领域内仅有的9家皇家特许学会之一。作为专业学会，CIOB的职能包括：制订并维护建筑管理专业标准；建筑管理领域专业人士的代表；不断提高CIOB会员的标准和声誉；提升整个建筑行业的高标准。具体说来，这些职能涵盖：对政府机构提出政策建议、有关建筑管理标准的制订和维护、会员专业资格认证、评估高等学校学位课程并提供专业服务、科研项目、发行各种报告和出版物、信息交流以及组织研讨会等活动。另外，英国皇家特许测量师学会（Royal Institution of Chartered Surveyors，RICS）也是为全球广泛、一致认可的专业性学会，其专业领域涵盖了土地、物业、建造及环境等17个不同的行业。迄今为止，英国皇家特许测量师学会已经有140余年的历史，目前有14万多会员分布在全球146个国家；拥有400多个RICS认可的相关大学学位专业课程，每年发表超过500多份研究及公共政策评论报告，向会员提供覆盖17个专业领域和相关行业的最新发展趋势；英国皇家特许测量师学会得到了全球50多个地方性协会及联合团体的大力支持。

英国是最早开展工程管理专业教育的国家，各高校工程管理相关专业所用名称并不统一，本科学习时间为三年全日制或四年“三明治”模式，四年“三明治”模式一般指学生在第二学年和最后一学年之间有一年的时间进行专业实践。英国皇家特许建造学会和英国皇家特许测量师学会通过评估和认证推动了工程管理专业教育的不断发展。英国高等教育科研评估（RAE）结果中，工程管理专业位列“五星”级的学校有雷丁大学、索尔福德大学、拉夫堡大学等。

2. 美国

美国麻省理工学院在1913年设立的“工业工程”专业中涵盖了“工程管理”，并于1970年正式成为两个不同的专业领域。1967年，美国密苏里科技大学成立了世界上第一个工程管理系（Department of Engineering Management）。1979年美国工程管理学会成立，同时电气和电子工程师协会（Institute of Electrical and Electronics Engineers，IEEE）中也设置了工程管理分会。1997年，美国工程技术认证委员会（Accreditation Board for Engineering and Technology，ABET）正式将工程管理列为一个可独立授予学位的学科。美国的工程管理相关专业有建筑工程管理（Construction Management）、建筑科学与管理(Construction Science and Management)、建筑工程与管理(Construction Engineering and Management）、建筑工程管理技术（Construction Management Technology）等。美国工程管理相关专业按其侧重点不同，分别接受美国工程管理教育委员会和工程技术认证委员会的评估认证，其结果得到美国高等教育认证委员会的认可。

美国工程管理相关专业所属学院可分为两大类，其中由ABET认证的工程管理专业一般隶属于工程学院；由ACCE认证的工程管理专业隶属于建筑、设计、商业或技术等学院。ABET是美国最为权威的专业认证机构，由31个工程专业技术协会组成，是独立的第三方工程教育认证机构。同时，ABET是华盛顿协议的6个发起组织之一，获得广泛的国际认可。

1.3 工程管理专业的人才培养

1.3.1 人才培养需求

工程管理专业作为一门在建筑管理工程、基本建设管理工程、管理工程、房地产经营管理、物业管理、国际工程管理、技术经济及投资管理等多个专业基础上整合后形成的专业，内容涵盖了工程项目建设全寿命周期各阶段的管理任务，多年来为我国基础建设行业输送了一批又一批高水平的复合型管理人才。作为一门以“宽口径、厚基础”为显著特征的专业，其培养目标由起初培养“又专又精”的专业型人才，发展为现今的培养“既通又广”的复合型高级管理人才。从总体上说，工程管理专业覆盖面很宽，人才需求呈现多样性，使得专业方向多，知识和能力的层次多，知识结构复杂，并需要特殊的专业能力。

1. 大型复杂工程建设的需要

近年来，我国大型和特大型项目不断涌现，以及大规模工程建设和运行维护项目的增多，使工程管理工作显得越来越重要，工程管理专业也日益为工程界和整个社会所接受。例如：国家“十三五”计划重大工程港珠澳大桥建设在项目管理领域不断提出创新要求，构建了一国两制框架下的三地政府合作共建共管模式，协调统一了制度、管理程序及文化之间的差异。同时，该项目实施大标段设计施工总承包模式，在无成熟经验可借鉴的情况下，构建设计施工总承包管理新架构，实现设计与施工的有效联动，实现了综合集群项目工程管理，具有开创性。另外，还构建了中外合作勘察设计模式、国际先进设备与技术“采购+共同研发”模式，形成和建立了全面风险管理体系的创新举措。这些创新都是基于工程管理的创新研究，并经过反复验证和实践，解决了工程管理中前所未有的挑战，有效保障了项目的顺利实施和高品质。通过该项目，我们可以看到社会对工程管理专业人才的能力诉求，除了丰富的工程技术知识、一定的岗位实践能力、良好的组织协调能力以外，创新意识也是必不可少的。

2. 国际工程项目管理的需要

未来一个时期，推进“一带一路”建设将成为我国建设开放型经济新体制的重要立足点和着眼点。在此战略大背景下，中国企业纷纷响应，积极承接“一带一路”沿线国家的各种国际工程项目，国家更需要具有复合型素质的“一带一路”国际工程项目管理人才。这些人才的特点是掌握国际工程管理的基本理论和方法，掌握外贸、融资、营销、外汇、财会以及保险等国际上通用的投资经济的基本理论和基本知识；具有熟练操作计算机解决项目管理问题的能力；具有从事国际工程项目全过程管理的基本能力；掌握工程项目管理的文献检索、资料查询的基本方法，能对实际问题从更科学的角度进行研究的能力。因此，工程管理专业的学生除了掌握一定的工程建设知识基础外，还必须知晓一定的经济学、法律学以及管理学的有关知识，并且能在国际工程管理的实际工作中灵活运用，成为多角度全面发展的复合型高级管理人才。

现代工程具有国际化的特点，随着中国的日渐崛起，越来越多的企业走出国门，走向世界去承揽国际工程，参与竞标大型工程的承包、设计、材料供应等，因此拥有国际化视野、能应用外语、具有扎实的专业基础以及出色的管理能力的工程管理人才受到了企业的欢迎。以“走出去”战略及“一带一路”政策为导向，积极培养国际化的工程管理人才，吸收国外先进的工程管理方法、理论及实践经验，总结出适合国内的成套的理论体系及实用方法，以期促进工程管理专业的进一步发展。

1.3.2 人才培养目标

工程管理学科是一个学科跨度较大、边缘效应较丰富的综合系统学科，这就决定了我们所培养的本科毕业生应当是具备综合系统学科知识的全面素质人才。

1. 中英美人才培养目标比较

专业人才培养目标是各国对工程管理专业人才培养的基本要求，中国工程管理专业的培养目标是基于建设部高等学校工程管理和工程造价学科专业指导委员会发布的《高等学校工程管理本科指导性专业规范》所制订的。表 1–1 列出了中英美三国的工程管理人才的培养目标。

表 1–1　中英美工程管理专业人才培养目标

国家	机构	学制	学位	培养目标
中国	工程管理专业教学指导委员会	四年	工学学士或管理学学士	适应社会主义现代化建设需要，德、智、体、美全面发展，掌握土木工程或其他工程领域的技术知识，掌握与工程管理相关的管理、经济和法律等基础知识，具备较高的专业综合素质与能力，具有职业道德、创新精神和国际视野，能够在土木工程或其他工程领域从事全过程工程管理的高级专门人才
英国	CIOB	三年	工学学士或理学学士	掌握现代建筑业必备的管理、商务、技术等方面的知识和技能；达到专业协会对行业准入的基本资质要求；综合素质的培养（IT、表达能力、团队合作等），为发展成项目经理奠定扎实的理论基础
美国	ACCE	四年	工学学士或管理学学士	获得在建筑领域的专业知识；获得全面而均衡的教育，获得自我学习、自我完善的能力；获得专业意识和领导能力以便服务于建筑业和社会

来源：中国《高等学校工程管理本科指导性专业规范》、CIOB 及 ACCE 官网。

对比发现，英美两国的工程管理教育更加重视对学生综合素质的培养，要求其受到全面均衡教育，培养其专业意识及自我学习和完善的能力，而不是单纯强调专业知识和能力的训练。同时，也更重视学校教育与今后获取职业资格的衔接，强调学生通过学习达到专业协会对行业准入的基本资质要求，为今后成为工程项目管理者奠定基础。

随着建筑业全球化进程的推进和国家“一带一路”倡议的实施，中国工程建设市场的国际化程度日益提高，对具有国际视野和国际化工程管理专业能力的人才的需求日益增强。因此，如何和国际工程管理人才培养体系接轨，使毕业生在国际化的职业竞争与发展中具备优势与潜力，逐渐成为高校工程管理本科人才培养面临的重要课题。我国设有工程管理专业的相关学校应在保持基本要求的前提下，根据社会发展需求，结合专业背景、学科优势、师资条件和科研实力，准确定位并将其体现到培养方案之中。如同济大学工程管理专业基于自身“国际工程管理”方面的优势，将人才培养目标定位为：具有国际视野的高级专门人才和拔尖创新人才。同时，在传统目标之外，加强跨文化沟通及团队合作的能力，加强终身学习及自我完善的能力也是十分必要的。

2. 我国人才培养目标的变化

1999 年 11 月 12—19 日，建设部高等教育工程管理专业评估委员会对哈尔滨建筑大学、重庆建筑大学、西安建筑科技大学、同济大学、清华大学和东南大学进行了工程管理专业评估。这是我国首次对高等院校工程管理专业进行评估。评估委员会是建设部授权的组织实施普通高等学校工程管理专业教育评估工作的专家机构，接受建设部教育行政主管部门的指导和协调。评估委员会的主要工作是客观地、科学地对工程管理专业的办学水平进行评估。

该届评估委员会成员共 18 名，由全国高等学校工程管理学科专业指导委员会、中国建筑学会、中国建筑业协会协商推荐，由建设部聘任。其中包括国家建设及教育行政主管部门 1 名，学会、协会 2 名，工程管理教育界专家 8 名和企业界专家 7 名组成。由同济大学建设监理研究所所长丁士昭教授任评估委员会主任、重庆建筑大学管理学院副院长李世蓉教授和中建三局总工程师张希黔教授任评估委员会副主任。此次评估是自 1998 年 10 月评估委员会成立后，经过了对欧美工程管理专业评估工作考察研究、制订评估章程等大量繁重的准备工作后正式开展的。

11 月 20—21 日在南京召开了评估工作总结会议，建设部人教司副司长李竹成以及英国评估委员会主席、副主席都列席了会议。经过无记名投票，以上 6 所大学工程管理专业通过了该次专业评估。与此同时，评估委员会也对各校工程管理专业进行了总结，指出了应加以改进的地方，体现了评估应帮助各校提高工程管理专业水准的指导原则。

经历了 1999 年、2004 年、2009 年、2014 年、2019 年五次专业评估，各高校根据人才培养标准和教育评估准则对工程管理专业培养方案进行调整，以适应行业发展趋势和专业人才的培养要求。表 1-2 是 5 次评估时同济大学工程管理专业的培养目标。

表 1–2　同济大学工程管理专业培养目标变化比较

年份	培养目标
1999	具有较为坚实的建筑工程技术、经济、管理、法律基础知识和特定专业方向的专业基础知识组成的系统的知识结构，同时具备一定的实践能力、创新能力，能在国内外工程建设领域从事项目决策和全过程管理的复合型高级管理人才
2004	适应社会主义现代化建设需要，德、智、体、美全面发展，具备由土木工程技术基础知识及与工程建设管理、房地产经营管理、国际工程管理、投资与造价管理相关的管理、经济和法律等基础知识和专业知识组成的系统的、开放性的知识结构，全面获得工程师基本训练，同时具备较强的实践能力、创新能力和健康个性品质的高级工程管理专门人才
2009	适应社会主义现代化建设需要，德、智、体、美全面发展，具备由土木工程技术知识及与国内、国际工程管理相关的管理、经济和法律等基础知识和专业知识组成的系统的、开放性的知识结构，全面获得工程师基本训练，同时具备较强的专业综合素质与能力、实践能力、创新能力，具备健康的个性品质和良好的社会适应能力，能够在国内外土木工程及其他工程领域从事全过程建设工程管理的高素质、复合型人才
2014	培养具备适应社会、经济和科学技术发展需要的，德、智、体、美全面发展的，具备土木工程技术知识以及与国内、国际工程管理相关的管理、经济和法律等基础知识和专业知识，全面获得工程师基本训练，能够在国内外建设工程及其他工程领域或房地产领域从事全过程工程管理或房地产开发经营管理的，基础扎实、知识面宽、创新能力强、人文素质高、具有国际视野的高级专门人才和拔尖创新人才
2019	把培养拔尖创新人才作为崇高使命和责任，致力于培养德、智、体、美全面发展的社会主义建设者和接班人。努力使每一名学生经过大学阶段的学习、熏陶以后，具有“通识基础、专业素质、创新思维、实践能力、全球视野、社会责任”综合特质，成为引领未来的社会栋梁与专业精英。同时该专业本着育人为本、以学生为主体、注重特色、本研贯通、大类培养、学时统筹、交叉创新的原则，以立德树人为根本，培养具备适应社会、经济和科学技术发展需要的，德、智、体、美、劳全面发展的，具备土木工程技术知识以及与国内、国际工程管理相关的管理、经济和法律等基础知识和专业知识，全面获得工程师基本训练，能够在国内外建设工程及其他工程领域或房地产领域从事全过程工程管理或房地产开发经营管理的，基础扎实、知识面宽、创新能力强、人文素质高、具有国际视野的高级专门人才和拔尖创新人才

来源：各年“同济大学本科培养方案”。

根据教育部的要求，工程管理专业是要培养具备管理学、经济学、工程技术等基本知识，掌握现代管理科学的理论、方法和手段，能在国内外工程建设领域从事项目决策和全过程管理的复合型高级管理人才。专业定位应为研究工程技术活动中所涉及的计划、组织、资源配置、指挥与控制等管理问题，具有区别于其他管理类学科的特征。通过表 1–2 对比发现，学校按照教育部的人才培养要求，将专业人才培养目标逐年细化，从最初的单纯培养学生的知识结构、能力结构及从事的工作领域的描述，逐渐开始强调学生专业综合素质与能力的培养，进一步细化了知识背景及知识结构的系统性与开放性。同时结合当前工程建设领域全球化发展的大环境，在“一带一路”全面落实铺开之际，适时提出培养“具有国际视野的高级专门人才和拔尖创新人才”的目标，来应对更加激烈的国际竞争。培养目标的变化过程，清晰地反映出国内高校在人才培养上对能力素质的要求准则及培养要求。同时，在国际行业协会评估的影响下，学校工程管理专业的培养目标逐渐细化，更具有行业特色，更符合行业发展趋势，以适应国际市场经济下的人才需求。

1.4 我国工程管理专业教育现状

中国高等教育在经历了规模发展的历史性跨越之后，已进入“稳定规模、优化结构、强化特色、注重创新”的新阶段。教育部针对新的形势，提出转变高等教育发展方式，走以质量提升为核心的内涵式发展道路。在这一历史背景下，教育部要求各教学指导委员会按照《国家中长期科学和技术发展规划纲要（2006—2020 年）》的要求并结合各专业教学改革的成果，研制各专业的指导性专业规范。为规范工程管理本科专业教学的基本要求，规定本科学生应学习的基本理论、基本技能和基本应用。2008 年 4 月，高等学校工程管理和工程造价学科专业指导委员会（以下简称“专指委”）根据住建部人事司与教育部管理科学与工程类学科专业教学指导委员会统一安排，研究制订《高等学校工程管理本科指导性专业规范》（以下简称《专业规范》）。《专业规范》作为高等学校工程管理专业建设与发展的指导性文件，前后历经两届专指委，由重庆大学、天津大学、清华大学、西安建筑科技大学、东南大学、同济大学、哈尔滨工业大学、中南大学，华中科技大学、武汉理工大学、天津理工大学、四川大学、华南理工大学、深圳大学等国内高等学校专业教师历时 6 年于 2014 年 9 月最终定稿。

《专业规范》共有 7 个部分 3 个附件，主要内容是对工程管理类专业的学科基础、培养目标、培养规格、教学内容、课程体系、基本教学条件和主要参考指标作出了规定，并给出了相关专业的知识体系、知识领域、知识单元与知识点及其推荐课程与学时。《专业规范》作为工程管理类专业国家教学质量标准化的一种表现形式，提出了国家对工程管理类专业本科教学的基本要求，规定了工程管理类专业本科学生应该学习的基本理论及应掌握的基本技能和方法。在此基础上，各高校可以根据自己的行业特点和办学条件，制订相应的专业培养方案，体现学校的办学定位和办学特色。

从目前来看，工程管理类本科生的课程体系基本上包含了 4 个专业平台课，即专业基础课按技术、经济、管理、法律四类课程设置；将工程管理分为 5 个专业方向，即工程项目管理方向、房地产经营与管理方向、投资与造价管理方向、物业管理方向和国际工程管理方向。

2 课程体系与教学体系

2.1 课程体系与教学体系的含义

2.1.1 课程体系

课程体系是指同一专业不同课程门类按照门类顺序排列，是教学内容和进程的总和，课程门类排列顺序决定了学生通过学习将获得怎样的知识结构。我们看到，课程体系是由各门课程构成的，作为教育术语的“课程”具有广义和狭义之分。狭义的“课程”是指被列入教学计划的各门学科及其在教学计划中的地位和开设顺序的总和。广义的“课程”则是指学校有计划地为引导学生获得预期学习结果而付出的综合性的一切努力的总和。同样，课程体系也有广义和狭义之分，狭义的课程体系特指课程结构，是指一门课程中各组成部分的组织、排列、配合的形式，它要解决的是每门课程的教学目标、教学内容、教学组织及教学评价等方面的问题，它具体体现为教材（主要是指教学大纲和教科书）。广义的课程体系是指学校课程中各组成部分的组织、排列、配合的形式，它要解决的是根据培养目标应开设哪些门类的课程及课程的编排，重点要考虑各种内容、各种类型、各种形态的课程的整体优化，它具体体现为教学计划。

高等教育课程体系，其质量及结构的合理性决定着高校人才培养质量的高低。高校课程体系是一个动态的、历史的概念，不同时代有不同的特色，社会需要的变化、政治思想的变革、文化传统和价值观念的传承与创新等对教育的影响最终反映在课程上。赫冀成等主编的《课程体系与人才培养比较》一书认为，课程体系是所设全部课程互相之间的分工和配合，是教学计划的核心，是在一定的教育价值理念指导下，将课程的各个构成要素加以排列组合，使各个课程要素在动态过程中统一指向课程体系目标（或专业目标）实现的系统。它包括三个层次：一指宏观的专业设置，涉及高等教育的学科及专业；二指中观的课程体系，涉及某专业内部课程体系的问题；三是指微观的教材体系，是某专业内某具体课程的教学内容方面。廖哲勋指出，课程结构是课程内部各要素、各成分、各部分之间合乎规律的组织形式，它是以课程要素与课程成分为基础，由课程的表层结构和深层结构组成的有机整体。其中课程的表层结构是指一定学段课程的总体规划的结构，是由一系列学科与若干活动项目组成的整体；课程的深层结构是指一定学段的教材结构，包括每种教材内部各要素、各成分的组合以及各类教材之间的整体组合 。西方国家没有相应的“课程体系”一词，但与“Program” 较接近。北京大学教育学院卢晓东认为：“‘Program’仅指一个系列、有一定逻辑关系的课程组合，相当于一个培养计划或我们所说的课程体系。”在美国，专门化的教育是通过主修不同方向的课程来进行的。其组织方式以及隐藏在这种组织方式背后的指导思想与我国有很大区别。但不管怎样，从形式上看，主修和专业都是由不同的课程组织来体现的。如果把高等学校看作一个体系，那么高等学校课程体系就是在学校教育系统之下的一个次级系统。

综合所述，课程体系是指在一定的教育价值理念指导下，将课程的各个构成要素加以排列组合，使各个课程要素在动态过程中统一指向课程体系目标实现的系统，是为培养人才所确立的目标以及依据此目标所选择和组织的课程内容、教育教学活动的系统。课程体系规定了培养目标实施的规划方案，主要由特定的课程目标、课程内容、课程结构和课程活动方式所组成。课程体系是高等学校人才培养的主要载体，是教育思想和教育观念付诸实践的桥梁。并且在很大程度上决定了受教育者所能呈现的知识、能力和素质结构，决定了教育理想能否成为教育现实。

2.1.2 教学体系

教学体系，是教学过程的知识基本结构、框架、教学内容设计、教学方法设计、教学过程设计和教学结果评价组成的统一的整体。经过概括总结之后按照教学基本框架，教学内容设计，教学过程设计，教学方法设计，教学结果评价五个方面来解释。教学基本框架近似于大纲，宏观确定课程的大致组成部分。教学内容设计是根据教学框架制订，确定教学的广度深度，为教学过程的安排做铺垫。教学过程设计是根据教学内容和教学主题来进行教学过程的安排。教学方法设计是教学过程中教师对于课程的讲解所使用不同的方法，使得课程内容更加有利于学生接受。教学结果评价是一套监督反馈机制，可以促使整个体系不断优化。

结合具体学科专业，教学体系又可分解为以下五个：①教学目标体系。根据教育部编制的《普通高等学校本科专业介绍》的相关要求，结合学科发展和社会需求确定学生所需要具备的知识结构，教学体系就以此为目标建立起来。②教学内容体系。理论教学主要是教授学生必备的理论知识，侧重于思想理论。实践教学侧重于将书本上学到的知识运用起来，这也是现在人才培养中需要积极思考的部分。因为现代社会需要的是复合型人才，为了让学生的能力更加符合国家和社会的期望和需求，我们的实践教学必须与理论教学相结合，培养学生动手能力和综合素质。实践教学主要的表现形式有试验、观测、实习、设计和论文等。③教学动力体系。教学的动力来自双方教学主体，也就是老师和学生。如何同时调动起来双方的教学热情是这部分需要考虑的问题，也是制订教学体系的重中之重。④教学方法体系。主要有课堂教学法、讨论教学法、案例教学法和多媒体教学法等。⑤教学管理体系。监督性质的体系，主要用于反馈教学效果，用于教学主体双方查找教学和学习过程中的问题。

2.2 工程管理专业课程体系与教学体系

2.2.1 工程管理专业课程体系

我国工程管理类本科生现有的课程体系大多采纳了 1999 年 7 月在西安召开的建设部第三届高等工程管理学科专业指导委员会所讨论的 4 个专业平台课的方案，即专业基础课按技术、经济、管理及法律等四类课程设置，将工程管理分为 5 个专业方向，即工程项目管理方向、房地产经营与管理方向、投资与造价管理方向、物业管理方向和国际工程管理方向。

各学校在设置专业方向时，根据其所依赖的行业背景、学校特色选取其中一个或多个方向，如西安交通大学的工程管理专业方向为工程项目管理。部分学校在此基础上对课程设置做了调整和补充，主要调整的是技术平台课程，财经类大学开办的工程管理专业的技术平台课程相对较少，如中央财经大学的技术平台课程中只包括工程制图、房屋建筑学、结构力学、城市规划及土木工程概论等；而建筑类行业背景比较明显的学校则增加了技术类平台课程，如清华大学的技术平台课程主要包括计算机类和土木工程类。工程管理是一个实践性很强的专业，必须加强实践性教学，各学校根据课程体系的设置，一般都安排了实验、实习、设计、论文撰写及其他有关实践教学环节。对于研究型大学来说，学生在毕业环节更侧重毕业论文的撰写，为后续研究打下基础，如同济大学本科毕业任务全部要求为毕业论文。

2.2.2 工程管理专业教学体系

现在对于工程管理专业教学体系的研究重点主要集中在以下三个方面：①实践教学体系的逐步建立和完善；②教学体系内理论教学与实践教学的比例关系；③ BIM 技术引入教学体系。根据教育部组织有关专家编制的《普通高等学校本科专业介绍》对工程管理专业的相关要求，该专业的学生所需要具备的知识大体上分为现代管理科学、经济学和土木工程技术。各高校基本以此为目标建立起了教学目标体系。教学内容体系中的实践教学一直是工程管理专业中较为突出的部分，注重培养学生动手能力和综合素质。教学方法体系方面，讨论教学法和案例教学法占比逐步提高。新的科学技术辅助教学，例如最近受到高度关注的 BIM 技术在教学中的应用等。工程管理专业教学体系与通识教学体系的对应关系如图 2–1 所示。

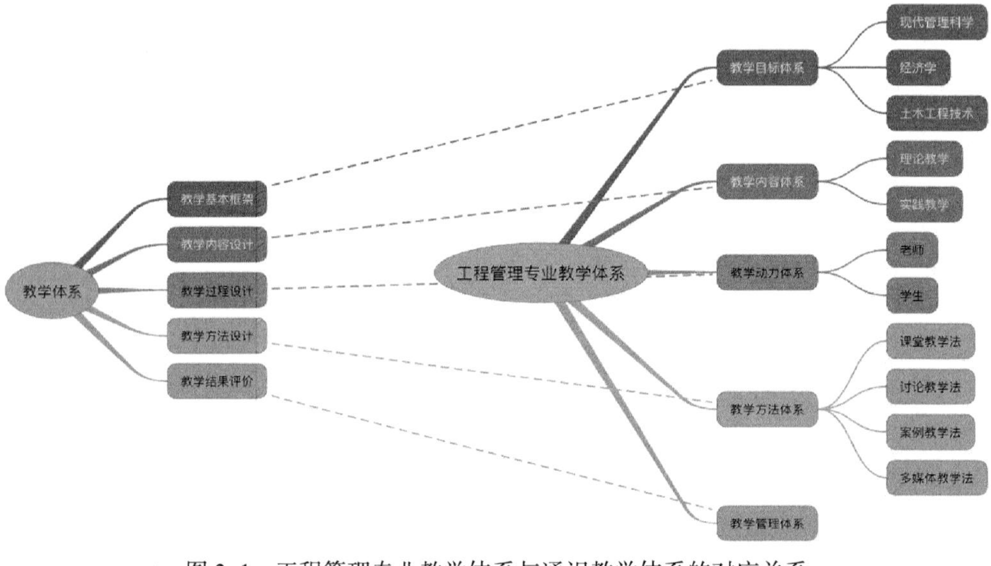

图 2–1　工程管理专业教学体系与通识教学体系的对应关系

3　工程管理专业课程体系与教学体系调研

3.1　境内院校调研

1999 年，由建设部高等教育工程管理专业评估委员会组织了工程管理专业的首次评估，至今已进行了 5 轮评估。本书选取了参评当中的 6 所院校的工程管理专业进行了调研。

3.1.1　同济大学

同济大学工程管理专业始创于 1956 年，是我国最早设立该专业的两所院校之一。1999 年率先通过教育部专业评估，2009 年被批准为国家级特色专业，先后获得 EQUIS 和 AMBA 两大国际管理教育权威机构认证，以及英国皇家特许测量师学会、英国皇家特许建造学会、国际项目管理协会（IPMA）、美国项目管理协会（PMI）、国际复杂项目管理中心（ICCPM）等多项国际认证。目前，拥有工程管理、房地产与土地管理两个学术梯队。

1. 课程体系

同济大学工程管理专业课程体系由通识教育、专业教育和个性教育相关课程组成。其中，通识课程中必须有一门精品类通识课，包括同济烙印课程、交叉融通课程、长青系列课程及校级精品课程等。专业教育又分为公共基础课、专业基础课和专业课程。同济大学工程管理专业含工程管理和房地产两个方向，所以专业课程和实践环节涵盖了工程管理和房地产两个方向的相关课程。个性教育主要有创新和创业类活动、境外交流等。

2. 教学体系

（1）培养目标

该专业培养具备适应社会、经济和科学技术发展需要的，德、智、体、美全面发展的，具备土木工程技术知识以及国内、国际工程管理相关的管理、经济、法律等基础知识和专业知识，全面获得工程师基本训练，能够在国内外建设工程及其他工程领域或房地产领域从事全过程工程管理或房地产开发经营管理的，基础扎实、知识面宽、创新能力强、人文素质高、具有国际视野的高级专门人才和拔尖创新人才。

（2）课程内容

课程内容包含核心课程和实践环节。其中，核心课程有经济学、会计学、财务管理、房屋建筑学、建筑力学、建筑材料、建筑结构、工程经济学、施工组织与管理、工程项目管理、工程风险管理与保险、建设与房地产法规、工程造价与管理、工程合同管理、房地产开发与管理、房地产估价、土地经济与利用及区域经济学等；实践环节有会计大作业、工程调研、房屋建筑学课程设计、建筑结构课程设计、测量实习、工程实习、工程造价课程设计及项目策划与可行性分析等。

课程内容的重点和特色体现在百分之百原创丰富案例的系列新教材编写及使用，如《建设项目前期策划与设计过程项目管理》被列为英国皇家特许测量师学会指定项目管理专业系列教材，《工程项目管理案例》被国家注册建造师、高级投资项目管理师指定为指导教材等。此外，专业每两年进行一次教学计划修订，由学校老师、企业专家、毕业生、在校学生参与，及时进行课程内容更新，体现工程管理专业发展及社会需要。

（3）教学方法

教学方法具有启发性，有利于培养学生自主学习、独立思考和综合运用知识的能力。主要有以下几种方法。

双导师制教学法：为学生配备校内导师与校外导师，建立学生参与导师项目机制。

实践教学法：通过大兴国际机场、上海世博会等上百个重大工程一线服务，实现教师和学生直接参与大工程实践，建立实践型师资梯队，将课堂延伸到工程现场。

情境式仿真案例教学法：基于重大工程实践成果、案例教材和科研成果，将其中的案例根据课程需要进行再设计，形成供学生动手解决的“工程情境”和“工程问题”，并开展基于团队的工程模拟训练。

参与性学习教学法：提高学生在课程中的参与性，增强教学效果和学生的学习效果。

国际化教学法：开展“走出去”国际工程管理人才的培养，与米兰理工大学、曼彻斯特大学等合作开发课程或授课。

（4）教学管理

有完善有效的质量保障体系。在同济大学统一要求下，形成了完善的学籍与学位管理、学生管理、教务管理、教学质量管理、实践教学管理、师资队伍管理与建设、教学研究与改革等管理制度，保证了教学过程的实施。

教学过程中严格遵守同济大学和经济与管理学院的本科教学质量标准、全面质量过程控制流程和质量保障体系，对教学全过程的关键节点设有质量监控点，形成完整的监控体系。每学期开学初，完成教学计划的审定，学期中，学院、系等多层面组织教师听课和考评，学期末，统一试卷审核、成绩评定和教学分析总结等。

教学质量监控的主要环节有课堂教学质量监控、实践教学质量监控、不合格控制、毕业及学位授予资格审查，监控内容具体，监控和反馈职责明确，监控记录完整，反馈及时。

3.1.2 清华大学

清华大学建设管理系成立于 2000 年 4 月，其源头可追溯到 1953 年在清华大学土木工程系成立的建筑施工技术与机械教研组。建设管理系下设工程管理研究所、房地产研究所、可持续城镇化研究所、项目管理与建设技术研究所四个基本教学科研单位，以及国际工程项目管理研究院、（清华 - 金门）建筑安全研究中心、清华大学恒隆房地产研究中心、清华大学（土木水利学院）工程担保与建筑市场治理研究中心、清华大学（土木水利学院）城镇化与产业发展研究中心、国际工程项目管理研究院培训中心等联合研究 / 培训中心。

1. 课程体系

课程体系以工程、经济、管理和法律四大板块为核心，辅以外语能力和计算机能力培养。培养具有坚实的自然科学和工程科学基础、广博的人文科学知识、牢固的管理知识和技能、熟练的外语和计算机应用能力、一定的工程实践经历的建设管理人才，如项目评估师、咨询专家、项目经理、建造师、工程师及计划经理等。

2. 教学体系

（1）培养目标

掌握建设管理相关的专业知识及专业技能，具有分析问题、解决问题、进行专业设计和进行专业交流的所需基础知识和基本能力，具备在专业各领域继续工作和学习的基础。

能从事建设与房地产领域的项目管理实践，如项目的策划、评估、设计、建设、经营和维护，具有较宽广的视野，具有较强的动手能力、沟通表达能力和组织协调能力，能不断学习运用新工具，能适应专业发展和社会发展。

能继续从事相关的科学研究，具有科学研究的基本素养，在某一专业方向进行了较深入的学习，具有创新思维的能力。

拥有人文精神和社会责任感，了解并能履行公民的责任和义务，具有持久的毅力和开阔的胸襟，遵行“自强不息，厚德载物”，有志于成为服务社会的领导者。

（2）教学内容

专业核心课程有运筹学 、工程经济学、工程建设法律基础 、工程项目管理、工程合同管理、工程估价原理与实践、建筑施工技术、建筑施工组织、城市与房地产经济学、房地产开发经营与管理、房地产价格理论与估价方法等。

（3）教学方法

讨论教学法：学生分组讨论，在讨论中学习，例如“建设管理课程综合设计课”会进行的小组分工讨论调研。

导师制教学法：例如“因材施教导师制研讨课”，强调因材施教，旨在从德、智、行三方面培养学生。该课程为卓越工程师培养计划的环节之一，借助该课程实现本科生的导师制培养。

案例教学法：例如“建筑市场交易与行业规制”，课程围绕一个建设项目案例背景展开，所有同学将基本按照其专业背景在该项目建设过程中扮演一个特定的角色，包括业主、工程咨询和项目管理方、设计方、承包方、分包方和政府监管方等，模拟和体验建设过程的各个交易环节，从中发现相关矛盾和问题，并在教师的引导下从制度经济学的角度对建筑市场交易行为、风险和政府规制等问题展开讨论，帮助学生正确认识当前中国建筑市场中存在的问题及其解决途径，正确理解政府在市场中的角色，正确把握改革发展的方向。

建设管理系教师的研究领域涉及建筑与房地产业发展与体制改革、建设与房地产法规政策、国际建筑市场、建设项目管理、建设项目评估、项目融资、工程安全管理、工程保险、建筑施工技术、建设与房地产信息化、城市经济学、房地产经济学、房地产金融、房地产投资、房地产估价、物业管理及建筑与房地产业管理的国际比较等，相关研究内容融入本科教学中。

（4）教学管理

学校党政领导走进课堂听课授课，了解教学一线基本情况。教学顾问组主要通过课堂听课的形式，对新开课的青年教师给予指导和帮助，而且学校领导还会定期调整教学顾问组队伍，把顾问组工作职责定位于对全校教育教学改革研究、课程建设、教学质量管理、教师教学能力发展和青年教师培养等工作进行指导和监督。

课堂教学评估是教学质量保障的重要措施。针对不同评价目标，清华大学继续推行专家重点评估、干部抽样评估、学生评教调查、授课教师自评及毕业生问卷调查等多维教学质量评估。

近年来，学校遵循“引进与培养并举”的方针，加强青年教师队伍建设，在国内外选聘优秀人才，师资队伍水平稳步提高，教师队伍中有长江学者奖励计划入选者，国家杰出、优秀青年科学基金获得者，国家级教学名师奖获得者等优秀人才。

3.1.3 天津大学

天津大学 1981 年创建了我国第一个“基本建设管理工程专业”，1993 年创建了我国第一个“国际工程管理专业”，后因教育部学科目录调整，更名为“工程管理”专业。2001 年、2006 年和 2011 年三次顺利通过建设部专业评估委员会的评估，获得了英国皇家特许建造学会的课程认证，2007 年工程管理本科及硕士课程获得了英国皇家特许测量师学会的课程认证，2008 年入选首批“教育部第一类特色专业”。

1. 课程体系

天津大学工程管理专业以管理学、土木工程为专干学科，课程体系由学科基础与专业类课程分为学科基础类、专业类以及集中实践类三种展开，辅以人文与社会科学类、训练与健康类、数学与自然科学类等课程。

2. 教学体系

（1）培养目标

该专业有志于培养经济全球化背景下建设行业的领导者。所培养的学生应具有管理学、经济学、土木工程技术、法律和外语的坚实基础，接受工程师、经济师的基本素质训练，掌握现代管理科学的理论、方法和手段，成为能在国内外工程建设领域从事项目决策和全过程管理的复合型、外向型、开拓型的高级管理人才。

（2）教学内容

专业核心课程有管理学、经济学、工程经济学、工程项目管理与软件应用、工程成本规划与控制、工程招投标与合同管理课程设计、工程招投标与商务谈判、经济法与建设法规、企业财务管理、会计学、房屋建筑学、施工技术与施工组织设计、工程结构、结构力学、工程力学、画法几何与工程制图、建筑材料、环境保护与可持续发展、工程项目 QHSE 管理和企业运营模拟（ERP 沙盘）等。

（3）教学方法

除讨论教学法、案例教学法等教学方法以外，积极采用“校企合作，产教结合”模式，在教学过程中充分调动企业与学校的合作热情，结合企业人力资源需求，进行半订单式培养，通过企业“送教上门”和高校师生“进现场”的双重手段，使教学科研和产业发展深入结合。

同时，该专业坚持以深层次的国际合作提升整体育人水平，继续深入与国际咨询工程师联合会（FIDIC）、英国皇家特许建造学会、英国皇家特许测量师学会、美国项目管理协会、国际建筑工程研究与创新理事会（CIB）、世界银行等国际组织以及美国麻省理工学院、美国斯坦福大学、美国普渡大学、英国雷丁大学、新加坡国立大学、中国香港大学、中国台湾成功大学等著名高校在科学研究、师资培训与学生联合培养等方面开展合作。

（4）教学管理

学校坚持“严谨治学”和“严格教学要求”的“双严”方针，建立了完善的校内外结合的教学质量监督与保障体系并有效实施，形成了本科教育教学质量的自我监控机制。

学校领导高度重视本科教学工作，专门召开校长办公会听取本科教学工作汇报，并多次参加各类教学工作和教学研讨会，研究并解决本科教学工作中存在的问题。根据学校每学期开展期中教学检查的制度，学校、学院和机关部处领导都深入课堂了解本科生课堂教学情况。

学校在每个学期开展为期两周的期中教学检查，该制度从 1981 年就已开始实行。期中教学检查期间，校领导、学院和机关部处领导、系主任、专业和课程负责人等都要到课堂听课，每人不少于 2 次。期中教学检查的内容还包括专业教学计划和教学大纲的执行情况，各类课程的教学内容和教学进度执行情况，实验课程、毕业设计（论文）、课程设计、实习等实践教学环节执行情况，以及学生的学习风气等，特别是一年级新生和学习上有困难的学生。学院也可以根据工作的需要安排其他检查内容。通过随机听课，召开教师座谈会、学生座谈会、教学管理人员座谈会，调查问卷等形式，全面了解教学运行情况。

学校在期中和期末集中组织两次学生的网上评价，网上评价的结果实行学校、学院和教师本人三级查询。期中教学检查期间，学校通过学生信息员发放调查问卷，了解教师的授课质量和效果。此外，学校每学期还有针对性地安排学校督导委员会的专家进行抽查听课，如全校性公共选修课抽查、双语课程抽查、多媒体使用效果抽查等。 在教师授课质量监督方面，一方面通过期中和期末两次学生评教为授课教师进行评价；另一方面由学校督导委员会专家对通过教学验收和跟踪的教师进行抽查听课。

外部质量监督是学校接受上级主管部门管理、社会监督以及企业和行业协会等指导的重要途径，包括教育教学评估、专业认证以及社会评价等。学校主动适应社会需求，不断完善学校外部评价机制，积极参与国内外专业评估和认证，与行业和社会需求紧密结合。建立了以校友和用人单位教学评价为主的教学质量社会监督机制，为适应社会需求，提高人才培养能力奠定了基础。

3.1.4 重庆大学

重庆大学工程管理本科专业是重庆大学的优势主干本科专业，至今具有 30 余年的办学历史。1980 年原重庆建筑工程学院在土木工程系设置了“建筑经济与管理”四年制本科专业，并开始招生。1981 年，重庆建筑工程学院正式设立了建筑管理工程系，“建筑经济与管理”专业划归该系管理并更名为“建筑管理工程”专业。1989 年，重庆建筑工程学院在该专业的基础上设置了国际工程承包专业方向，每年从学满三年的工业与民用建筑专业和建筑管理工程专业学生中分别挑选部分学生，组成国际工程承包专业方向班，该方向班实行 3+2 学制，即在已修读完三年工业与民用建筑专业或建筑管理工程专业的专业基础课程和专业课程的基础上，再继续修读两年的建筑与土木技术、国际工程承包、国际工程项目管理类的相关专业课程，毕业后主要从事国际工程承包与工程项目管理工作。从 1991 年开始，该专业方向班的学生改为只从建筑管理工程专业学生中挑选。1995 年，按照当时国家教育委员会颁布的《普通高等学校本科专业目录》，国际工程承包专业方向班更名为“国际企业管理”专业。1996 年，“国际企业管理”四年制本科专业开始招生。1998年教育部颁布新的《普通高等学校本科专业目录》，根据新专业目录的要求，重庆建筑大学(原重庆建筑工程学院，1994年更名为重庆建筑大学)的“建筑管理工程”专业、“国际企业管理”专业、“房地产经营管理”专业被整合并更名为“工程管理”专业，下设置工程建设管理、国际工程管理、房地产经营管理、（工程）投资与造价四个专业方向。2004年，房地产经营管理专业方向从工程管理专业中分离出来，成为独立的四年制本科专业并开始招生。2005年，（工程）投资与造价方向从工程管理专业中分离出来并与原重庆大学设置的工程造价专业合并，以“工程造价”作为专业名称成为独立的四年制本科专业并开始招生。

重庆大学工程管理本科专业1999年以优异成绩通过国家首次“工程管理专业本科教育评估”，2004年、2009年、2014年分别以优异成绩通过国家工程管理专业本科教育评估，其评估结论、课程体系、人才培养与教育教学质量、毕业生学士学位已经与英国皇家特许建造学会、美国工程管理教育委员会（ACCE）实现互认，2007年通过英国皇家特许测量师学会的评估（认证）。重庆大学工程管理本科专业2009年被教育部批准为高等学校国家级特色专业建设点。

1. 课程体系

重庆大学工程管理专业以土木工程、经济学、法学为主干学科，辅以思政类、外语类、数学类、军体类、计算机类等公共基础课程，期以传授学生土木工程技术知识及与国内、国外工程管理相关的管理、经济和法律等基础知识和专业知识。

2. 教学体系

（1）培养目标

该专业培养适应社会主义现代化建设需要，德、智、体、美全面发展，具备由土木工程技术知识及与国内、国外工程管理相关的管理、经济和法律等基础知识和专业知识组成的系统的、开放性的知识结构，全面获得工程师基本训练，同时具备较强的专业综合素质与能力、实践能力、创新能力，具备环境保护意识、可持续发展意识和以人为本意识，具备国际视野和宽广的工程视野，具备专业道德、职业道德、职业责任感 和社会责任感，具备健康的个性品质和良好的社会适应能力，能够在国内外土木工程及其他工程领域从事全过程建设工程管理的高素质、复合型人才。

（2）教学内容

该专业核心课程有房屋建筑学、混凝土结构基本原理、建设法规、建筑工程施工技术、工程经济学、组织行为学与人力资源管理、工程项目管理、建设工程合同管理、工程估价、运筹学、经济学、建设工程成本规划与控制、FIDIC合同条件、建设工程项目融资和建设工程信息管理技术。

特色课程有新生研讨课、工程管理专业名著导读、建筑信息模型概论、工程伦理学。个性化培养课程主要针对国际工程管理领域、房地产开发与经营管理领域以及推免研究生学生群体设置了专业选修课程组。

（3）教学方法

除讨论教学法、案例教学法等教学方法以外，重视国际学术交流与合作，已经分别与英国里丁大学、美国佛罗里达大学、英国曼彻斯特大学、澳大利亚昆士兰理工大学、新加坡国立大学、日本名古屋大学、韩国东亚大学、中国香港理工大学等学校建立了良好、长期而稳定的教学与学术交流合作关系。

在实践教学中，与中国建筑工程总公司、中海地产股份有限公司、重庆建工集团第十八冶金建设公司等十家大型国有企业合作建立了为学院本科学生提供实习条件的、稳定的国内和国外实践教学基地。

（4）教学管理

学校建立以校长为教学质量第一负责人的教学质量工作责任制，定期召开教学工作研讨会，专题研究解决教学工作中出现的新情况和新问题。具体以主管教学副校长、教学主管部门、各二级学院第一负责人为教学质量保障责任人，确保本科教学工作的中心地位。教学质量责任人承担教学质量监控与保障的职责，学校在资金、人员、物质条件等方面提供必要的保证，真正使教学质量监控与保障有机地结合起来，切实有效地提高学校人才培养质量。

教学质量监控与保障体系包括教学工作例会制度、教学检查制度、教学测评制度、领导干部听课制度、学生评教制度、教师评学和自评制度、教学督导制度、教学信息采集与反馈制度和毕业生质量跟踪调查制度。同时，建立了及时有效的教学质量信息反馈机制，应采取不同形式和渠道保证教学质量信息的上下贯通、及时反馈。

3.1.5 哈尔滨工业大学

哈尔滨工业大学工程管理专业（项目管理方向）于1981年创建，是全国首批招收工程管理专业本科生的院校，也是全国首批通过工程管理专业评估的6所院校之一，2007年被教育部确定为高等学校特色专业建设点，拥有1个部级重点实验室。工程管理专业（房地产开发与管理方向）自1991年开始招收本科生，是我国最早招收该专业本科生的院校之一。

1. 课程体系

哈尔滨工业大学工程管理专业的主干课程为土木工程及管理科学与工程相关课程，涵盖工程技术、管理、经济、法律方面的基本理论和基本知识，让学生全面而系统地接受科学思维、系统思维、管理思维、人文思维和工程师的基本训练，培养他们知识获取能力、知识应用能力、创新能力、分析与解决工程管理（建设项目管理、工程造价、房地产开发与管理）问题等方面的能力。

2. 教学体系

（1）培养目标

面向国家建设重大需求，适应未来科学技术进步，坚持立德树人，培养具备执着信念、优良品德和高度社会责任感，基础理论扎实、专业知识宽广、实践能力突出，具有协作意识、创新精神和国际视野，能够引领工程管理行业未来发展的精英人才。

毕业后经过5年左右的学习深造或工作，学生能达到以下要求：

① 掌握解决工程实践中复杂工程管理问题所需要的数理基础、管理理论和计算机等基础理论知识，以及项目管理、投资管理、成本管理及合同法规等专业知识；

② 具有在土木工程管理相关领域从事项目管理、投资开发、科学研究、教学和管理工作的能力，包括问题描述、有效沟通、信息综合以及团队合作；

③ 具有现代工程应用的统计和数据分析能力；

④ 能在一个设计、生产、施工、教学或科研团队中担任业务或管理角色；

⑤ 有良好的职业素养和道德责任，有意愿并有能力服务社会；

⑥ 能通过各种学习渠道更新知识，具有终身学习的意识。

（2）教学内容

专业核心课程有两个模块。模块一：项目管理方向课程有工程管理基础、工程法规与合同管理、建设项目投融资决策、工程估价、土木工程施工A、建设项目管理、国际工程管理、工程信息管理与数字建造。模块二：房地产开发与管理方向课程有工程管理基础、工程法规与合同管理、城市经济学、房地产经济学、房地产项目开发与管理、城市开发与城市更新、国际工程管理、工程信息管理与数字建造。

专业平台课程有土木制图基础 A、房屋建筑学 A、MATLAB 语言程序设计、测量学 B、土木工程导论。专业基础课程有理论力学 B、材料力学 A、结构力学 A（1）、土木工程材料、管理学、经济学基础。

（3）教学方法

除讨论教学法、案例教学法等教学方法以外，学生还受益于国家级的实验、实践教学中心，拥有结构工程、防灾减灾及防护工程、岩土与地下工程、工程力学、建筑学、城乡规划学、风景园林、设计学等多个国家重点学科或国家重点培育学科的支撑，并拥有中国建筑工程总公司、北京金隅股份有限公司、黑龙江省建设集团等单位提供的土木工程专业国家级工程实践教育中心。

学校注重学生创业项目的培育和孵化，建立了 6000 平方米的大学生创新创业园，为学生创业实践提供场地、工商、财务、法律、导师指导、投融资对接等一站式服务，开设了系列创新创业训练营和讲座，举办了系列创新创业大赛，全面助力学生创业实践。

学院还与美国加州大学圣地亚哥分校、美国伊利诺伊大学芝加哥分校、美国休斯顿大学、俄罗斯远东国立技术大学、加拿大卡尔加里大学、澳大利亚悉尼大学、法国南特理工大学、意大利罗马第三大学等签署了合作协议，为学生提供国际化交流平台。

（4）教学管理

学校从依托外部质量保障体系、健全内部质量保障体系、营造质量文化三个方面保障本科教学质量，并以内部质量保障体系建设为重点。在宏观层面上，不断提高生源质量，提高师资水平，优化培养模式，保证教学投入，完善设施条件，强化教学基本建设，促进教师教学能力发展，优化教风学风考风等。在微观层面，不断完善教学环节的质量标准和管理规范，建立了本科课堂教学准入、主讲教师授课资格认证、教师预警退出、校院系领导听课、校院两级教学督导、学生评教、应届毕业生调查、专业评价、院系评价、学校质量自评等一系列质量管理机制。评价客体覆盖了教师、教学、教学管理等教学各个环节或要素。通过检查、评价、反馈、改进这一闭环系统，保证并不断提高教学质量。

学校成立教师工作部，围绕立德树人，将思想政治工作贯穿师资队伍建设全过程。出台了深化人事制度改革、教师岗位分类管理、分级聘任、长聘、准聘、绩效考核等制度，稳步推进教师岗位聘任制度和考核评价制度改革。学校将优质人才资源配置到教学岗位，将承担人才培养任务和课堂教学任务作为教师岗位要求，将完成规定的教学工作量作为年度考核及岗位晋升的基本条件，建立了突出教育教学业绩导向的绩效考核与分配机制。支持年轻教师出国研修，每年划拨教学专项津贴奖励一线教师，实施教学拔尖人才选拔计划，设置学校教师教学发展中心及分中心，为教师举办由名师教授讲授的讲座和课程，选派学校的老师外出培训进修提升能力。

3.1.6 东南大学

东南大学工程管理专业是国内高校最早设立的同类专业之一，经过 20 多年的改革和建设，该专业基础扎实、培养规范、特色鲜明、优势明显，在全国享有很好的声誉，办学水平和质量名列前茅。1999 年首批通过国家工程管理专业评估，2004 年、2009 年连续两次顺利通过复评估，专业培养方案与国际注册制度相衔接。2003 年该专业被遴选为江苏省高等学校特色本科专业建设点，2006 年经江苏省教育厅验收合格，成为江苏省首批特色本科专业，形成了较为规范的培养模式和体系。与同类高校的工程管理专业相比，东南大学工程管理专业在导师制培养、学生专业素质拓展、教材建设、课程建设、师资队伍建设、多学科办学支撑及科学研究等方面已经形成自己的特色和优势。

1. 课程体系

该专业知识体系包括工程技术、工程经济、工程管理和工程法律四大类平台课程，结合通识教育课程、专业基础课、认识实习、生产实习、毕业设计、社会实践、科研训练、专业素质拓展和导师制等环节全方位培养学生的综合能力和专业素质。

2. 教学体系

（1）培养目标

培养具有土木工程技术、管理学和经济学等学科基本理论和知识，掌握现代管理科学的方法和手段，接受工程师基本训练并具备工程项目建设方案论证与决策、投资控制、招标投标和全过程项目管理的能力，能在大型建筑企业、总承包企业、房地产开发公司、国际经济合作公司、工程咨询和评估公司、建设单位、银行、政府建设主管部门、科研和教育单位从事工程建设项目决策、策划、投标报价和全过程管理的复合型高级工程管理人才，具有广阔的就业前景；也可以选择管理科学与工程、土木工程建造与管理等研究生专业进一步深造。该专业是国内首批通过国家专业评估的一流专业，并通过国际权威专业机构的评估认证，其培养方案与注册师制度相衔接，学生将获得国家注册建造师、注册造价工程师、注册监理工程师、注册房地产估价师等从业所需的理论和基本实践经验。学生培养目标是未来能在房屋建筑、地下结构、桥梁和道路工程、交通工程等领域的研究、施工、管理等部门从事管理工作的高端人才，能从事建设与房地产领域的项目管理工作，如项目的策划、评估、设计、建设、经营和维护等，主要就业于房地产开发、工程管理与咨询、金融与投资、涉外工程等企业和设计、教学、研究、公共管理等机构。

（2）教学内容

专业主干课包括工程结构、土木工程施工、工程经济学、建设法规、国际工程管理、工程项目投资决策与造价管理、工程估价、工程项目管理、工程合同管理。大类学科基础课包括工程管理概论、管理学原理、经济法、会计学原理、工程测量、土木工程材料、工程力学、土力学与基础工程、运筹学、统计学、工程建设信息管理等。专业方向及跨学科选修课包括房地产开发与经营、房地产经济学、房地产估价、房屋建筑学与规划、建筑业企业管理等。

（3）教学方法

除讨论教学法、案例教学法、实验教学法以外，该专业注重教学创新或者特色，构建了“理论导研、实践强研、课外拓研、网络助研”的研究型教学体系。为破解研究型教学与专业课程教学深度融合的制约瓶颈，在国家创新驱动战略牵引下，聚焦学生评判思维和创新实践能力培养，不断深化对研究型教学功能特征、模式特点以及构架要素的认识，坚持“面向全员、贯穿全程、全面融入”指导思想，从“理论导研、实践强研、课外拓研、网络助研”四个方面立体建构研究型教学体系。

通过十多年的改革实践，该专业较好地实现了研究型教学与专业课程教学的深度融合，实现了研究内容与研讨形式的统一，学生自主研学和教师高端引领的统一，循序渐进习得与高阶目标实现的统一，促进了研究型大学本科教育优良生态的形成，有效提升了学生的创新能力。

（4）教学管理

学校坚持通过校党委常委会和校长办公会顶层设计与统筹安排本科教学工作，就“双一流”人才培养、本科教育教学工作会议、本科教学工作审核评估、本科教学工作巡视整改、文科试验班、专业停招等重大工作进行决策与部署。针对师资队伍建设、教学改革、课程建设、教材建设、教学运行、学生管理等，发布了一系列文件，出台了相关政策与措施，深化内涵建设、推进教学改革、规范管理流程。其中，教师教学发展中心开设了提升教师教学能力的系列化课程模块，有针对性地帮助教师提升教学水平。教学督导工作以青年教师教学培养为主线，逐步形成了立体化运作、层次化培养、人性化指导、长效化坚持的督导工作机制。经过 20 多年的持续建设，业已建立起两级五组教学督导构架，形成了横纵交叉、立体融通的立体化教学督导体系。

3.2 境外院校调研

本书选取英国、美国、澳大利亚、新加坡和中国香港的 6 所大学的工程管理专业进行了调研。

3.2.1 利兹大学（University of Leeds）

利兹大学是英国为数不多的几所与土木工程师学会（ICE）建立工作伙伴关系的大学之一。利兹大学土木工程与项目管理专业授予工程学士学位，学生可以选择三年制本科或四年制本硕项目，其学士学位是公认的完全满足特许工程师教育标准的，这对于立志成为专业的土木工程师（MICE）的学生，在他们的土木工程职业生涯中有了一个良好的开端。工程学院不断投资先进的实验室设施，设计工作室和计算设备，有专门的实验室空间为结构、材料、公共卫生工程、建筑服务和岩土工程提供教学支持。

1. 课程体系

利兹大学土木工程与项目管理专业基础课程广泛，可选模块包括从运输工程到震区结构设计等主题的专业知识，并拥有项目管理、建设和基础设施等特色课程，主要介绍土木工程师使用的技术和工具，并涵盖项目管理知识体系中的关键问题，为学生广泛的职业生涯做准备。

专业课程由结构工程师学会（IStructE）、公路工程师学会（IHE）、特许公路与运输学会（CIHT）和土木工程师学会的联合审核员委员会（JBM）认证，并获得英国监管机构——工程委员会（Engineering Council）的许可。JBM 与各大学合作，向它们提供建议，以确保它们的学位课程有助于培养专业工程师，继续为可持续和经济增长做出全球贡献，同时保持最高的伦理标准。JBM 的认证意味着该项目符合欧洲工程教育专业认证体系（EUR-ACE）的框架标准和指导方针，并在欧洲和其他地区得到认可。

2. 教学体系

（1）培养目标

①通过提供鼓舞人心的学习环境，在数学和科学背景下支持学生的智力和个人发展。

②支持学生发展成为专业工程师所需的工程设计和可转移技能，并使他们能够进一步地自主学习和发展，以满足工业和社会的长期需求。

③提供教育要求（符合 UK-SPEC），允许升读土木工程师学会，特许公路和交通学院，公路工程师学会和结构工程师学会的特许会员资格，并向英国工程委员会（ECUK）注册特许工程师。

④让学生接触由项目管理的主要国际专业机构项目管理协会（PMI）制作的完整的项目管理知识体系（PMBOK）。

⑤促进毕业生获得项目管理认证助理的 PMI 专业会员等级。

⑥毕业生将有一个良好的理论、实践、技术和解决问题的教育，学生可以进入土木工程专业或其他适当的专业领域。

（2）教学内容（表 3-1）

（3）教学方法

实行教与学一体化。通过实验课、工程项目和行业赞助的实习工作，把讲座和教程中的知识应用到实际工作中。例如，如果您选择了施工现场课程，就可以用所学的知识构建复制一些标志性建筑。

所有的课程都采用世界先进的多媒体技术支持，使用在线资源帮助学生按照自己的节奏学习知识；最先进的讲座录音系统，确保学生在方便的时间复习；学习和教学资源将提供深入的知识和关键的实践技能，使学生在与科学和技术相关的职业竞争中处于理想的位置。

举办工业参观活动，并提供由执业工程师、研究人员及其他专业人士举办的研讨会，与行业的紧密联系意味着学生在课程的早期就与行业和潜在雇主有了直接的联系。每名学生将分配一名工业导师，为学生提供工地内外土木工程工作环境的体验。

个人导师制提供学术和生活支持。每名学生将指定 1 名人生导师，导师小

表 3–1　利兹大学土木工程与项目管理专业教学内容

学年	必修课程	选修课程
1	建筑与环境 工程测量与施工技术 结构设计与分析 材料特性：水、土壤、钢和木材 工程数学与建模 I 综合设计项目 I（包括设计工作室 I）	
2	结构设计 I 土木工程材料 II 结构分析 水利工程与岩土工程 工程数学与建模 II 综合设计项目 II 项目管理简介	可持续工程方案 建筑史与理论 II 公路工程 建筑物理 I：基本原理、运输规划与建模
3	结构设计 II 项目的时间 成本和质量管理 水利工程 基础工程基础 个人研究项目 I 综合设计项目 III	施工现场 建筑史与理论 3 运输工程 II 铁路工程与规划概论 废水工程 发展中国家的环境卫生工程 土木工程计算方法 建筑物理 II：服务设计、工程地质学

组通常由 5~7 名学生组成，在第一年，每周与导师进行学术交流，每学期有两次一对一指导。

（4）教学管理

利兹大学优秀的教学和学生体验通过全国学生调查（National Student Survey，NSS）教学卓越框架得到了一致的认可，并在一些关键的排名中取得了成功，包括 2018 年《卫报大学指南》（*Guardian University Guide*）的前十位和《泰晤士报高等教育学生体验调查》（*Times Higher Education Student Experience Survey*）的前三名。利兹大学成为英国学生满意度最高的大学之一，2017 年在英国大学卓越教学框架（Teaching Excellence Framework，TEF）教学质量榜单中获得了金奖。TEF 由英国政府提出，其主要目的是评估高等教育机构在本科教育层级的教学质量。评级依据学生满意度、辍学率及毕业生就业状况等多方面的标准，将参与评级的 231 所英国高校分为金、银、铜三个等级。这是本次评级中的最高荣誉，评语是："这些大学都是英国最优秀的大学，一贯为其学生提供卓越的教学品质和出众的学习体验，帮助学生取得最理想的学习成果。"

3.2.2 皇家墨尔本理工大学（RMIT University）

皇家墨尔本理工大学的土木和基础设施工程项目处于工程教育的最前沿，满足澳大利亚和全球工业的需求。子学科包括建筑 / 项目管理、岩土工程、结构、运输和水资源。其中，应用科学学士（建筑管理）专业［Bachelor of Applied Science（Construction Management）（Honours）］培养管理人员和资源的技能，确保建筑的安全交付。应用科学学士（项目管理）专业［Bachelor of Applied Science （Project Management）（Honours）］培养具备跨多个行业发起、计划和执行复杂项目的项目管理技能。

1. 课程体系

应用科学学士（建筑管理）专业根据行业需求而开发学位课程，学生需要掌握从项目开始到完成所需的规划、协调和控制技能。

应用科学学士（项目管理）专业旨在使学生能够开发和应用理论和实践知识，以实现有效的项目管理。学生能够概念化项目，制订项目计划并有效实施项目，分析项目成果。该专业将在一系列组织环境和行业环境中发展学生跨学科知识。

2. 教学体系

（1）培养目标

应用科学学士（建筑管理）专业学生将掌握专业知识和技能，在施工管理中实现最佳实践。作为一名建筑管理专业人士，能够适应各种行业环境，从住宅、商业、工业到民用建筑等企业和政府项目。该专业的毕业生将具备建筑管理战略、生产要素、当地及全球背景下的工业环境的完整知识，并能够独立分析当前和新兴行业趋势，善于独立和协作工作，运用良好的认知和技术技能来解决和响应行业问题、情景及趋势。

应用科学学士（项目管理）专业学生将能够在各种领域执行项目管理所需的广泛角色，从项目团队的工作到领导者，能够将基于实践的知识、技能和专业知识应用于项目管理领域的各个行业，包括建筑管理、房地产、制造、基础设施、健康、金融、商业、IT 和事件管理。如，制订基于证据的项目管理计划，该计划涉及项目开发生命周期的所有要素；评判性地分析和综合项目管理理论，并将这些知识应用于项目管理；评判性地评估决策及其对项目成功的影响；应用有效的团队合作和沟通技巧，制订并传达可行的战略性项目计划等。

（2）教学内容（表 3–2）

表 3–2　皇家墨尔本理工大学建筑管理和项目管理专业教学内容

学年	应用科学学士（建筑管理）专业 必修课程	应用科学学士（项目管理）专业 必修课程
1	建筑概况 估值和财产原则 项目管理概述 建筑环境专业人员的沟通 施工过程简介 房地产和资本市场 项目规划和管理技术 管理可持续发展	建筑概况 估值和财产原则 项目管理概念 建筑环境专业人员的沟通 施工过程简介 房地产和资本市场 项目规划和管理技术 管理可持续发展
2	建筑测量与估算 建筑科学 建筑材料 生产计划与管理 建筑规划设计 建筑环境法简介 物业经济学	建筑测量与估算 建筑环境法简介 项目管理流程 管理基础 质量管理 项目管理 建筑和企业 物业经济学
3	建筑设备 建筑合同法 成本计划和招标 建筑规划与设计 建设合同管理 结构和材料 建筑环境的研究方法	项目管理专业实践 项目风险管理 项目管理的领导力 项目管理域 项目采购管理 项目规划和沟通 建筑环境的研究方法
4	建筑和企业 工业环境 管理与建设领导 研究实践 建筑规划与设计 建筑专业化 研究实践	高级项目管理 管理复杂项目 研究实践 计划和投资组合管理 项目规划与管理顶点项目

（3）教学方法

教学过程中采用多种教学方法，以确保提供独特和优质学习环境使学生在学习过程中成为积极参与者。课程将学生之间的互动作为一项核心活动，以便他们有机会在学习中进行协作、相识并参与互动研讨会和讲习班、讲座、在线讨论、实地考察、行业实地考察、行业实习和应用研究项目。该计划采用的学习和教学方法使学生学习的方式多样，以满足学生积极参与学习的需要以及为未来的专业实践做好准备的需要。该计划的学生被认可为具有不同能力和愿望的个人，并且有定期与教学人员单独咨询的机会。

RMIT 致力于为学生提供将正规学习与工作经验紧密联系起来的教育，工学结合（Work Integrated Learning，WIL）是其教学特色创新，学生开展活动时与行业和社区互动，在真实或模拟的工作环境或情境中完成这些活动，并从所在行业的相关人员那里获得反馈。学院拥有强大的以行业为中心的教育和研究中心，来自不同行业的人和公司成为教育过程中的积极支持者、顾问和参与者。通过雇主选择（Employer of Choice）计划与 300 多家企业保持紧密的联系。

评估是教学方法的一部分，旨在能让学生在学习过程中得到反馈。评估任务在每门课程中进行，是教学和学习周期的组成部分。评估任务包括但不限于个人论文、个人和小组项目、书面或口头陈述、在线讨论、案例研究和考试。这些评估任务的开发旨在最大限度地提高学生个人和协同工作的机会，并通过将理论与实践联系起来应用和理解知识。教师对学生的反馈会根据其表现量身定制的，并专注于他们的发展。

学院加强国际交流，学生可以在墨尔本皇家墨尔本理工大学校园、新加坡管理学院（SIM）和香港职业训练局（VTC）学习。

（4）教学管理

应用科学学士（建筑管理）专业获得英国皇家特许建造学会、英国皇家特许测量师学会、澳大利亚特许测量师学会（AIQS）、澳大利亚建筑学院（AIB）行业机构的认可。成功完成应用科学学士（建筑管理）后，毕业生有权申请澳大利亚建筑学会（AIB）、澳大利亚数量测量师学会（AIQS）、皇家特许测量师学会（ RICS）和英国皇家特许建造学会成员。应用科学学士（项目管理）专业获得了皇家特许测量师学会（RICS）认证，该机构在全球范围内得到认可。

同时，RMIT 教育创新和质量委员会负责教学质量分析和改进，其职能是：

① 积极监控与学业成绩和学生反馈相关的指标和数据，并提出改进绩效的

举措和补救措施；

② 确定、支持和支持战略创新学习和教学，包括创新使用技术；

③ 预测外部政策环境的变化，并根据这些变化制定最佳定位 RMIT 的策略；

④ 促进以数据为导向，以证据为基础的方法，以发展、加强学习和教学成果；

⑤ 监督 RMIT 的课程质量，并提出改善课程质量的建议；

⑥ 监督与学术课程相关的合规风险；

⑦ 考虑由副校长、教育部酌情决定提交的计划提案。

3.2.3 加州大学伯克利分校（University of California，Berkeley）

加州大学伯克利分校工程学院在美国工程教育领域处于领先地位，来自世界各地的学生和研究人员都被其卓越的声誉、国际公认的师资力量以及在研究和教学领域的影响力所吸引。工程学院下设土木工程与环境系，含有工程与项目管理、环境工程、地球工程、结构工程、机械与材料、交通运输工程和土木工程系统等研究领域。其中，工程与项目管理（Engineering and Project Management，E&PM）旨在培养建筑—工程—建设（Architecture-Engineering-Construction，AEC）领域或其他行业的领导者。E&PM 毕业生在私营企业和公共部门有广泛的就业机会，例如在工程咨询、建筑、交通和工业建筑公司，以及国内外的公共组织和私营企业。

1. 课程体系

随着基础设施系统变得越来越复杂，未来的行业领导者必须在设计和建设的坚实基础上加入创新的管理思维。加州大学伯克利分校的 E&PM 项目专门教授和研究新的管理理念，例如，课程中包含了两门专注于精益建设的特色课程，以及可持续发展、项目控制、工程师商务和工程师法律的课程。课程中强调新概念、新技术、新发展，以及适用于国内外项目和企业管理的新技术。强调了全生命周期各要素之间的相互关系：规划、设计、制造、施工、运营、维护和再利用。

学生可选择研究生课程，如建筑、城市和区域规划、工商管理、公共政策和法律等，同时满足 E&PM 的 MS 课程要求。还可以修读辅修课程（如结构工程、材料力学），获得工程和商业可持续发展（The Engineering and Business for Sustainability ，EBS）认证证书。EBS 认证计划成立于 2006 年，是加州大学伯克利分校根据学校指导方针制订的第一个认证计划，得到了工程学院的认可。EBS

旨在利用大学庞大的多学科教育资源，包括工程学院、哈斯商学院、能源与资源集团、高盛公共政策学院、自然资源学院、公共卫生学院和法学院，培养一批有影响力的问题解决者，他们能够对全球环境产生持久的有益影响。

2. 教学体系

（1）培养目标

培养的建筑—工程—建设（Architecture-Engineering-Construction，AEC）领域或其他行业的领导者。

（2）教学内容

专业核心课程有混凝土材料与施工、建筑工程、工程项目管理、工程与管理可视化与仿真（建筑信息模型）、土木和环境工程系统的建造、维护和设计。其中，建筑工程包含每周 2 小时的教师介绍课程材料，每周 3 小时的教学实验以及每周 4 小时的外部工作时间即实地考察当地的建设项目。“工程项目管理”涉及企业和项目管理中的经济学、决策和法律原理等教学内容，如企业所有权、责任和保险、现金流量分析和财务管理、项目生命周期、设计—施工界面、合同、估算、调度、成本控制等，同样需要每周 3 小时的教师介绍课程材料，每周 6 小时的外部工作时间。

加州大学伯克利分校对于技术的要求比较高，在数学和计算机类的课程上学时安排较多，更加重视技术在实际操作中的应用。管理类和通识类课程数量多且杂，但是学时安排少。

（3）教学方法

除课堂教学法、讨论教学法、多媒体教学法以外，运用新的科学技术辅助教学，例如 MATLAB 等教学方法。加州大学伯克利分校的老师在教学中广泛涉猎各种学科各种专业的知识，并应用于教学中，扩大了学生的知识层面。注重将实践应用于教学，借鉴工程实例，让学生在学习的同时快速将知识用于实践。加州大学伯克利分校还给予本科生参与研究的机会，让本科生在学校学习期间获得实践研究经验。研究经验增加了本科课程的质量，并向学生介绍了研究生学习的重要性。其中，本科研究学徒计划（The Undergraduate Research Apprentice Program，URAP）旨在让加州大学伯克利分校的大学本科生更深入地参与大学的研究生活，学生将在特别感兴趣的领域深化他们的知识和技能，同时体验参与研究的意义。另外，还有监督独立研究，可以获得课程学分。通过竞赛，如混凝土独木舟、钢桥、环境、建筑、运输和抗震设计等以及参加实验室志愿者，可以让学生更好地融入学科研究中。

E&PM 项目与行业紧密相连。在课程中，从商业建筑、工业建筑和重型 / 民用建筑中汲取案例，还邀请业内人士举办讲座、研讨会，介绍行业面临的挑战和解决方案。

（4）教学管理

教学评估由核心学院主持，定期进行教学评估，主要内容有专业评估、专项评估等。各学院（系）根据教学评估的要求做好自评工作。

3.2.4 华盛顿大学（University of Washington）

华盛顿大学建筑环境学院下设建筑管理专业，提供建筑管理学士学位。通过提供优质教育、进行有益于建造业的研究，以及为社会提供服务，为个人在建造业及相关行业的工作作好准备。这包括可持续发展的建筑环境方面的学习，并应用基于前沿研究的创新施工技术，以促进当前和未来的建设需求。建筑管理学士学位获得美国工程管理教育委员会的国家认可，其发展目标是成为国际公认的建筑管理教育和研究领域的领导者。

1. 课程体系

华盛顿大学建筑管理专业拥有跨学科课程体系，包括技术、管理和商业课程，为毕业生提供在建筑业取得成功的基本技能。其中，基础课程包括工程制图、会计、商法、经济学、物理、数学、地质学、统计学、演讲、英语、社会科学和人文学科等，专业课程包括结构分析与设计、施工方法与材料、机电系统、安全、估算、项目规划与控制及项目管理等。本科课程的头两年可以在华盛顿大学（或其他 4 年制机构）或社区学院完成。最新的课程体系详见图 3–1 所示。

2. 教学体系

（1）培养目标

建筑管理是对建筑业的管理和技术方面（包括施工、施工科学、施工管理和施工技术）的研究和实践，学生将发展必要的技术和领导技能，以满足这个充满活力的职业的需要。

华盛顿大学建筑管理专业通过优质教育，为个人在建筑和相关行业担任技术和管理职位做好准备。通过多样化的本科认证课程、本研一体化课程、体验式学习和跨学科学习，使学生具备以下四种能力：

① 定义和解决实际施工问题所需的技术技能；

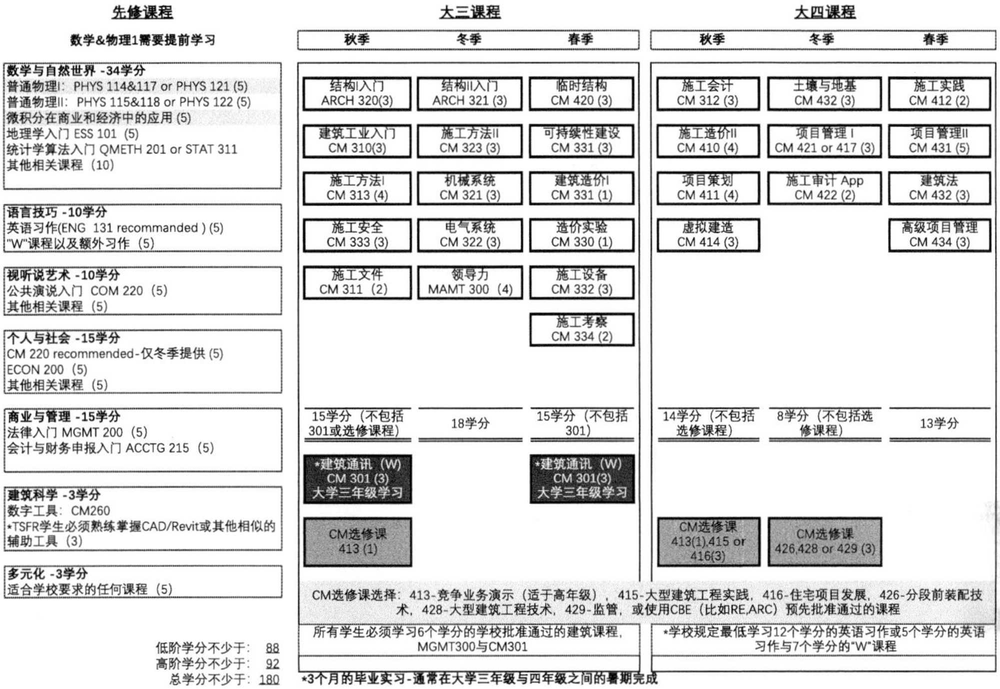

图 3-1　华盛顿大学建筑管理专业课程体系（适用 2021 届及以后）

② 制订和实施合理及时决策所需的管理技能；

③ 具有更广泛的人文科学、社会科学和自然科学观点；

④ 能够以口头和书面形式清晰简洁地沟通。

（2）教学内容

华盛顿大学建筑管理专业核心课程有建筑业概况、项目规划与控制、项目管理、建设项目管理、综合设计与建造、虚拟建筑和项目管理创新。其中，项目管理强调综合项目管理的概念，包括成本估算和投标、进度控制、成本控制、安全管理、项目组织和档案管理，应用先前课程中的技能、知识、技术和概念来进行案例研究。项目管理创新主要审查规划和管理建筑项目的创新技术，包括使用分阶段的三维建筑信息模型，可持续建筑技术和基于 Web 的项目管理工具。

教学安排如表 3-3 所示。

表 3–3　华盛顿大学建筑管理专业教学安排

学年	秋	冬	春	夏
1	结构概况 1 建筑业概况 建筑会计 施工方法和材料 施工文件 竞争性商业演讲	结构概况 2 机械系统 电气系统 施工方法和材料 领导和组织行为	结构概况 3 建筑评估 建筑设备管理 建筑测量 高年级选修	实习
2	建筑安全 建筑评估 建筑规划与控制	项目管理 1 土壤和基础 建筑劳动关系 建筑中的计算机应用 建筑科学选修	施工实践 建筑法 项目管理 2 建筑科学选修	
3	虚拟建筑 重型建筑实践 住宅项目开发	综合设计建造工作室 混凝土技术 住宅项目管理	临时结构 建筑规范和环境法规	

（3）教学方法

除采用课堂教学法、讨论教学法、多媒体教学法以外，华盛顿大学建筑管理专业还支持在线讨论、互动讲座、互动研讨会等多种形式的教学方式。另外，每名学生都安排专业教师顾问，学生的选修课程是由专业教师顾问与学生一起协商来确定的。

学生在当地建筑公司参加为期 3 个月的暑期实习，接受全面的施工管理任务和现场操作。为了参与实习，申请人必须在春季结束前完成至少 45 个建筑管理学分。实习结束时，雇主填写一份评估表，评估学生在实习期间的表现，并参加正式的报告演示。

通过组织各种行业比赛，让学生有机会与他人合作，并展示他们的能力，解决建设相关的问题，通过工作的现实去挑战。华盛顿大学的学生在地区和国家比赛中，都有着优异的获奖记录。通过参加比赛，学生们增强了对自己能力的自信，并向未来的雇主展示他们的在职技能。

（4）教学管理

华盛顿大学建筑管理学士学位获得了 ACCE 认证，按照认证要求，需要准确制订学位课程的目标、入学要求、学位评估措施，并通过这些认证信息和行动对学生的学业成就等由数据支持的定性要求采取措施。华盛顿大学建筑管理系制订了《学术质量改进计划》，提供有关的详情、指引及程序，教学管理部门通过内部和外部措施评估其课程目标及每年的学习成果，以保障全面的学术质量改进计划。

以下目标是与本科课程相关的战略计划的一部分，并将每年进行审查。这些目标的框架是可行的，具有挑战性的。特定目标如：

① 每年招生人数应在 60~70 人之间；

② 每年转学学生的录取人数应在 25% 以上；

③ 毕业生就业率应在 95% 以上；

④ 保持美国工程管理教育委员会认证；

⑤ 为学生提供体验式的学习机会，学生实习人数达到 100%。

3.2.5 新加坡国立大学（National University of Singapore）

新加坡国立大学致力于提供最高水平的高等教育，在 Quacquarelli Symonds（QS）世界大学排名和泰晤士高等教育世界大学全球排名活动中，始终名列世界前 30 位，其设计与环境学院（School of Design and Environment）下设项目和设施管理（Project and Facilities Management）专业。

1. 课程体系

作为一所世界一流的大学，新加坡国立大学提供了丰富多彩的课程，课程的广度和深度与独特的全球和亚洲视角相结合，跨学科自由探索，丰富的课外、海外学习机会，沉浸式学习有助于培养学生思考能力和探索精神。项目及设施管理的课程由三个部分组成，分别是学校通识课、专业课和选修课，符合条件的本科生可以选择管理类第二专业（由该校管理学院提供）。学生也可以选择双学位课程或硕士（项目管理）双学位课程，获得大学选修课程学分的理工学院文凭持有者可在 3~5 年内完成该课程。如表 3–4 所示。

2. 教学体系

（1）培养目标

项目和设施管理专业的核心研究领域有项目管理、合同管理、设施管理和运营管理，以整体和综合的方式结合管理和技术导向，旨在培养建筑环境领域的领导者。

表 3–4　新加坡国立大学项目和设施管理专业课程体系

编号	单元	学时
1	大学水平需要	20
1.1	基础教育单元（GEMs） 学生需要学习以下每个基础课题所衍生的一门课程	
a	人类文化（GEH）	4
b	提出问题（GEQ）	4
c	定量研究（GER）	4
d	新加坡概况（GES）	4
e	思考与表达（GET）	4
2	培养要求	100
a	必要单元	56
b	项目管理单元	不少于 16
c	设施管理单元	不少于 16
d	技术单元	不少于 12
e	学位论文（适用写学位论文的学生）或任意 2 门选修课（适用不写学位论文的学生）	8
3	无限制选修课	32
	总计	160

（2）教学内容

专业特色课程有数字化建设、建筑信息模型、房地产信托基金设施管理等。数字化建设为学生提供编程技能的简要介绍以及数字化构建的应用，主要内容包括计算思维基础知识、基本编码以及数字化建筑中的应用，如建筑信息模型（BIM）。建筑信息模型主要介绍 BIM 在项目和设施管理中交换数字和空间信息的格式，内容包括 BIM 的原则、支持基础建设、实施以及 BIM 的财务、法律和其他非技术方面。房地产信托基金设施管理主要探讨房地产投资信托基金（REITs）设施管理的理论和行业实践。

专业课程设置如表 3–5 所示。

表 3–5 新加坡国立大学项目和设施管理专业课程设置

学年	第一学期	第二学期	小学期
1	项目管理基础 测量学简介 项目和设施管理法	数字化建设 建筑性能简介 程序设计方法学	
2	项目可行性 建设技术 结构系统 项目融资 事件管理 发展技术与管理	项目成本管理 测量学（建筑） 设施管理基础 质量和生产管理 事件管理案例研究 M&E 系统 材料科学	实习 实训
3	项目实施 研究方法 领导项目 高级测量学 战略性设施管理 设施维护	项目管理法则 测量学（专业者） 设施计划与设计 智能设备	项目工作室 实习 实训
4	合同管理 建设企业管理 建筑信息模型 基础设施运作与维护 建筑总体性能	专题论文（CAP 低于 3.5 选） 安全与健康管理 项目争议管理 房地产信托基金设施管理 绿色发展	

（3）教学方法

该专业设有前沿课程，涵盖了与科学研究模式和研究方法有关的基本原则，涵盖了进行项目和设施管理研究所需的基本量化工具，主要内容包括建模原理、运筹学、系统动力学、决策分析、风险分析和敏感性分析。同时，加强核心的学术和专业技能，包括写作和评判性思维、分析和定量推理、正确提出问题和从事研究的能力，以及在广阔的知识领域内反向思维的习惯。通过密集和严格的多学科课程，以及提供丰富的本地和国际课程补充学生在专业领域的优势，使他们能够在各个领域建立实质性的联系，提高他们的智力深度和广度。

本科研究机会计划（UROP）由指导教师为学生提供研究机会，培养学生发现问题、解决问题和创造性思维的过程，加强本科生和教师之间的知识交流和合作。通常，学生在学期期间每周花费几个小时在他们的项目上，并在假期期间全职工作。

学院为学生提供实习和交流机会，如本地或国外为期 12 周（5 月至 7 月）的实习计划，与不列颠哥伦比亚大学、曼彻斯特大学、卡内基梅隆大学和加州大学伯克利分校的交流计划（SEP），以及为期一年的硅谷、纽约、上海、斯德哥尔摩、北京等地的技术创业小项目。

（4）教学管理

所有成绩都经过部门和学院审查委员会的仔细审查，各部门的成绩由教师委员会审议，然后提交给本科研究委员会批准。本科研究委员会在大学层面进行进一步的审查，以确保各院系的评估保持一致。

参议院是大学的最高学术机构，参议院由大学校长担任主席，定期开会讨论教育政策和学术问题。参议院议员和各学院院长代表，审查并向参议院提出有关教育问题的建议。

3.2.6 香港理工大学（The Hong Kong Polytechnic University）

香港理工大学建筑及房地产学系下设建筑工程与管理专业，从 1987 年到 1992 年，该系提供建筑技术与管理理学士学位课程，该学位课程获得了国家学术评审委员会（Council of National Academic Accreditation ，CNAA）和英国皇家特许建造学会的共同认证。

1993 年，建筑技术与管理专业学位课程成功升格为荣誉学士学位课程，与此同时，1992 年之后以优异成绩录取的学生可同时获得香港学术评审委员会（Hong Kong Council for Academic Accreditation ，HKCAA）、英国皇家特许建造学会及香港理工大学学术评审委员会的认可。1999 年 2 月，经参议院批准，建筑技术与管理专业更名为建筑工程与管理专业。

1. 课程体系

香港理工大学建筑工程管理专业涵盖建筑工程、建筑管理、经济、法律及工程项目等课程。其中，学校基础课占 30 学分，专业课程占 97 学分。30 学分的大学基础课程专注于学生个人发展和语言及交际能力的进一步提高。24 门专业课程分为技术、管理、法律、房地产经济学四大类，安排到了四年的学习中。

具体组成如图 3–2 所示。

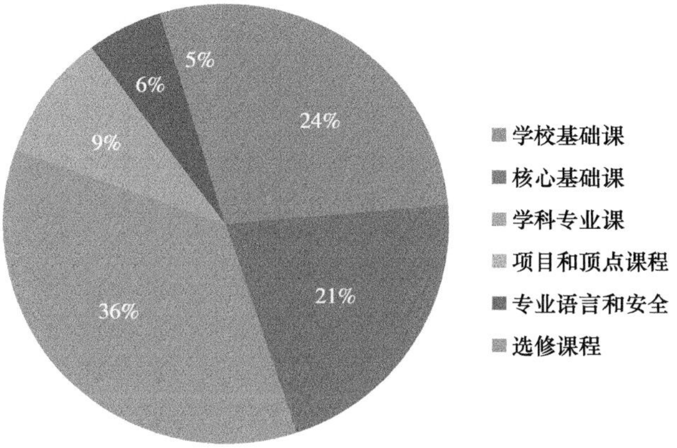

图 3-2　香港理工大学建筑工程与管理专业课程体系

2. 教学体系

（1）培养目标

建设工程管理专业的培养计划旨在为香港地区、内地，乃至国际上培养高水平的专业建设工程师。学生应获得房屋建设和设备的基本知识，以能够高效地为复杂建设项目中的项目及设备管理团队作出贡献。

建筑行业不断变化的需求要求毕业生能够通过应用动态的方法引导职业的未来发展，培养的目的是使毕业生能够在职业生涯里获得持续专业的发展。

（2）教学内容

课程的主要组成部分专注于工程技术与管理性质的学科，它是以工程为导向的，同时包含数学和定量分析以及通识教育科目等支持研究课程。为了提升学生在所选专业中的沟通技巧，还开设了双语课程。此外，还有项目工作室、国际研究、分析技能和方法、建筑与环境专业英语、中国建筑业沟通及土地利用与工业安全等课程，学生可从指定科目中选择选修科目，以配合自己的职业发展及个人兴趣。

专业特色课程主要有项目工作室、专业研究与评价、工业中心（IC）培训和建设信息技术与 BIM。项目工作室这门课程考察了香港建筑业和房地产业的重要问题和政策，以及城市独特的社会经济环境和发展轨迹。主要包括三个方面：一是城市发展与可持续发展。涉及住房和土地使用政策、人口老龄化和就地老化、城市更新、空间正义与“城市权利”、建筑控制与安全、可持续发展、城市发展和社会。二是技术与管理。涉及智慧城市与大数据、专业实践、产业组织和创新、产业结构和竞争环境、资产和物业管理。三是建筑业与房地产业展望。“一带一路倡议”、基础设施发展等。专业研究与评价这门课程由讲座和教程组成，讲座将着重讨论城市规划、建筑和房地产业的当代问题和最新政策，培养学生运用适宜的理论和模式来看待问题，并通过综合思想来反思专业发展。同时，鼓励学生通过小组活动探索和识别香港建筑和房地产开发相关的问题，从而提高解决问题的能力。每个小组都应该在辅导课上给出课堂介绍，发言后的学生必须提出问题和评论。工业中心（IC）培训课程由工业中心提供，涉及施工图纸方面的培训讲习和实际项目工程，以确保学生获得识别、绘制施工图的技能。建设信息技术与 BIM 课程致力于培养对于计算机系统在建设生命周期中的实际应用，以及 BIM 技术在建设中的应用。内容主要评估、设计、沟通和绘图生产中的 CAD/BIM 系统；IT/BIM 软件包在成本计划和初步评估中的应用；建设 IT/BIM 在投标、测量和生产文件准备中的应用；计算机化评估、招投标和评标；IT/BIM 在后合同成本控制、计价、中期支付和最终项目结算中的应用；项目计划、信息控制、材料控制、进度控制、质量保证的计算机化施工管理；以及 IT/BIM 在物业管理中的应用。

专业课程设置如表 3-6 所示。

（3）教学方法

① 鼓励和实施互动式授课模式

教师首先简要介绍概念、原则和原理，同时要求学生掌握必要的知识，运用所学的基础原理分析问题并提出解决方案。如，对设施的质量和性能评估、基准标注过程的掌握；对数码港与香港科学园的比较研究；考虑可持续性的设施质量和性能评估等。

② 辅导与研讨会

作为教学活动和讲座的补充，辅导与研讨会用于强化在讲座上学习的内容，鼓励学生进行评判性思考、提问、讨论以及得出方案。由 2~5 人组成的小组将提前得到一个需要讨论的问题，选出一名代表汇报重要的想法。学生会得到描述专业知识的能力，并且能够得到沟通交换知识以及意识当代问题的能力。

③ 基于项目的学习

学生被给予项目简介，要寻找、识别和分析问题，并提出解决方法。此类项目简报涉及对当代问题（例如，建筑物的当前维护问题）的调查和研究。

④ 指导性学习与自我导向学习

为需要大量研究和调查的学科而特殊设置的方法，要求学生提高学习效率

表 3–6 香港理工大学建筑工程与管理专业课程设置

学年	第一学期	第二学期	夏季学期
1	大学基础课程 土地利用与可持续环境 管理建设环境	大学基础课 领导力与个人发展 基础数学 1 工业安全 1	综合实习
2	大学基础课 环境科学 建设技术与材料 1 建设经济与金融 建筑与环境专业英语	大学基础课 工程数学 项目工作室 建筑设备 1 工程地质学概述 工程测绘	综合实习
3	建设和土地利用（双语） 结构 1 项目管理与采购 建设技术与材料 2 国际化学习 分析技巧和方法	结构 2 维护技术与管理 测量与估算 建设合同法规与管理	国际交流 综合实习
4	国际化学习 临时工作设计 建筑可持续维护 建筑设备 2 环境影响与评估 综合项目	临时工作设计 土工及基础工程 建筑工程管理 先进的建设技术 选修课（两门）	

以及老师和管理者最小化的干预。这种方式为学生的独立学习提供了便利，这将会是学生在本科教育获得的最重要的技能之一。

⑤ 电子学习

电子学习提供了一个虚拟学习环境。被设计一个针对特定科目的网站，含有学习材料（例如，期刊论文、书籍章节等）的介绍、可下载的注释或幻灯片注释、练习测验以及主题单元的作业，通常与学习计划有关的考试的分级与加权、考试和作业、课业信息也包括在其中。相关主题的本地和境外网站的超链接帮助和指导学生寻找最新信息，从而获得更广泛的视角和深入了解相关科目（例如，可持续发展和建设，建筑性能评估等）。动画和胶片也用于解释和模拟实际的施工过程。此外，学生可以通过电子邮件和聊天室，在同龄人或主题讲师之间进行交流。目前有许多电子学习科目。

⑥ 问题导向型学习

它的特点是使用实际案例和问题，例如建筑物在安装和转换的过程中如何不干扰现有的建筑服务，如何将干扰最小化到现有租户等，从而出现调查和探索等一系列的学习任务。

⑦ 国际化学习

第三学年的暑期学期，在导师的指导下，组织学生出国留学。从目的地的选择到出国留学机构的考察安排需要学生自行组织与联系，本课程学习的全面性就蕴含在这次从头到尾自行策划的学习旅行中。

⑧ 综合实习（Work Integerated Education，WIT）

在各学年夏季学期开展的WIT课程至少维持4周，充分利用导师的指导计划，促进学生找到专业对口的岗位，为学生安排工作。亦会探讨透过其他途径寻找就业机会，包括与民政事务署、民政事务处合作，学生作为助理，在勘测及物业管理领域开展工作；利用与大学及学院或是本校校友的联系，在大陆内地工作。

（4）教学管理

学科评估审查小组（SARP）负责监测学科学术水平和质量，并授予学科等级。每学期结束，通常在一月和六月，专家小组审查某一科目的分数分布，并在提交给考试委员会之前确定分数。教学质量分析和改进由审查计划 / 方案委员会提议并经教务委员会主席批准。

3.3 工程管理专业课程体系国际比较

3.3.1 核心课程

工程管理专业的课程围绕工程技术、工程管理、工程经济、工程法律四个核心平台展开，服务于专业的培养目标。选取的 5 所开设工程管理专业的境内高校里，工程技术和工程管理所占的课时比例为四大课程平台中最大的，其中清华大学的工程技术类课程更是超过了 50%，而同济大学和天津大学则是管理类课程居多。目前，境内本专业认证（评估）的高校，人才培养定位（第一职业的定位）是要培养工程师和有管理能力的专门人才，具有工程教育的本质属性，工程技术类和管理类课程所占的大比例便是出于此考量（表 3-7）。

表 3–7 境内大学工程管理专业课程构成比例

学校名称	工程技术类	工程管理类	工程经济类	工程法律类
	比例	比例	比例	比例
同济大学	28.85%	39.42%	25.96%	5.77%
清华大学	53.68%	29.47%	11.58%	5.26%
天津大学	31.63%	42.86%	19.9%	5.61%
重庆大学	42.71%	30.65%	20.6%	6.03%
东南大学	38.46%	39.05%	15.38%	7.1%

在选取的 6 所境外大学中，工程技术类课程比重最大的有 4 所，比例均超过了 50%。这些学校的课程体系是围绕着为社会培养高层次工程师的专业目标而设置的，如香港理工大学的目标为培养高水平的专业建设工程师，加州大学伯克利分校为培养建筑、工程、土木领域的项目与公司领导等。除工程技术类，还有以工程管理类为核心的院校，同样占有较高的比重，如新加坡国立大学的项目管理专业旨在培养建筑环境领域的领导者，华盛顿大学的专业目标是发展学生必要的技术和领导技能，这些高校同时致力于培养技术和管理岗位的专业人士（表 3–8）。

值得关注的是，皇家墨尔本理工大学开设了建设管理、项目管理两个相近专业。前者课程以工程技术为核心，培养目标为在施工管理方面表现卓越的建筑管理专业人士；后者以工程管理为核心，旨在培养能够在各种领域执行项目管理的人才。这两个专业偏向的差异也是本专业主要的两种培养方向。

表 3–8 境外大学工程管理专业课程构成比例

学校	工程技术类	工程管理类	工程经济类	工程法律类
	比例	比例	比例	比例
利兹大学	61.54%	23.08%	7.69%	7.69%
皇家墨尔本理工大学	55.56%	29.63%	7.41%	7.41%
加州大学伯克利分校	51.49%	40.59%	7.92%	0.00%
华盛顿大学	45.16%	51.23%	1.90%	1.71%
新加坡国立大学	42.11%	47.37%	2.63%	7.89%
香港理工大学	70.83%	12.50%	12.50%	4.17%

除技术和管理侧重点的差异以外，工程管理专业课程体系的设置还与大学类型相关。研究型大学和应用技术型大学的教学目标通常是不同的，研究型大学是指提供全面的学士学位计划，把研究放在首位的大学，此类型院校主要致力于高层次的人才培养与科技研发；应用技术型大学是指以应用技术类人才培养为办学定位的地方本科和专科院校，此类型主要侧重于培养应用方面的技术型人才。境内部分开设工程管理专业的大学如清华大学、天津大学、同济大学等，是研究型大学，培养出的人才更加偏向于研究型。

选取的境外样本中培养目标主要有两种：一种是培养实干型人才，如项目经理、估价师等；一种是培养研究型人才。但两类不同教学目标的共同点是都对学生的实际操作经验非常重视。

3.3.2 核心元素

人才培养类型的差异之上，培养目标中一些重要的元素也贯彻在课程体系的设置中。主要体现在以下几个方面：

（1）评判性思维，即 Critical Thinking，其实就是通过一定的标准评价思维，进而改善思维，是合理的、反思性的思维，既是思维技能，也是思维倾向。在现代社会，评判性思维被普遍确立为教育特别是高等教育的目标之一。

针对评判性思维训练的实验课程和项目案例课程在很多境外院校中是比较常见的必修课程，但在很多境内课程中只将其作为补充课程或者以课程对应实习进行修学。工程管理专业需要管理者在工作整体过程中根据经验和实际情况做出迅速准确的判断，学生的评判性思维能力的培养应该作为重点。实验课程中不给出确切的答案，引发学生不断学习、思考与探索，判断自己的陈述和结果是否正确；项目案例类课程将项目全过程复现，给学生机会在实际案例中进行操作，为了判断自己的做法是否正确，学生们会不断思考验证，对自己或者他人的决定进行评判。

（2）可持续发展意识。CIOB 要求学生具有可持续发展意识、社会责任感和社会素质，如认识到低能耗的关键原则，关注对环境的影响，减少浪费等。香港理工大学的专业核心课程之一“项目工作室”（Project Studio）中讨论到建筑和房地产业的当代问题和政策实例，其中就专门涉及城市发展与可持续发展，包括住房和土地使用政策、城市更新、可持续发展、城市发展和社会等内容。而我国工程管理专业会在少数课程中会涉及可持续发展意识，例如工程项目管理，并未将可持续发展意识纳入大纲中，也没有对学生可持续发展意识的具体要求和评估。

（3）基于工作的学习（WBL）元素。在境外的教学标准中，对高校课程及教学的行业认可被放在了很重要的位置。不管是香港工程师学会（Hong Kong Institution Of Engineers，HKIE），还是 CIOB，都有着众多的行业认可。

HKIE 中明确规定各高校应当配备拥有最新设备的实验室，必须确保每位学生都获得了有意义的协调良好的实验室经验。对于项目作业，香港工程学会认为，工程工作是引进工程方法解决问题的重要手段。因此，在每一个工程学位课程中都会广泛地使用项目。ACCE 标准中也重点强调了此类项目，在学生最终学业成绩的评定中占据了很大比重。通过直接数据收集雇主对学生的直接打分，以及间接数据收集方法中的雇主采访，团队工作采访等方式，对学生进行评价。香港理工大学、皇家墨尔本理工大学等高校均开设 WIL 课程，学生将在工作场所（真实或模拟）中接受专业或职业工作的评估，并从所在行业的相关人员那里获得反馈。

（4）实践经验。为了帮助学生成功掌握工作场所所需的广泛技能，各高校还提供了以就业为导向的举措和不断扩大的体验式学习机会、实习和交流。普渡大学所有的学生都被要求必须进行施工工作经验实习，而且要互相交流自己的经验，这在境内的大学课程里经常是被忽视的，这样的实践可以为即将踏入社会和工作的学生提供丰富的经验，可以更好地服务于社会。

（5）继续学习（Life Long Learning）的能力。世界各高校致力于探索以职业为导向，提高科研水平的继续学习能力的培养。

新加坡国立大学的学生可以参加新加坡国立大学海外学院（NOC），这是一项为期一年的在硅谷、纽约、上海、斯德哥尔摩、北京等地的技术创业小项目。或者，学生可以选择在本地或国外进行为期 12 周（5 月至 7 月）的实习模块，更早地体验职业生活。加州大学伯克利分校的本科研究学徒计划（The Undergraduate Research Apprentice Program，URAP），旨在让本科生更深入地参与大学的研究生活。该计划为学生提供在世界闻名的尖端研究项目中与教师合作的机会。与教师密切合作，学生将在特别感兴趣的领域深化他们的知识和技能，同时体验参与研究的意义。在伯克利学习期间获得了实践研究经验，研究经验增加了本科课程的质量，并培养了学生研究学习的能力。

3.4 工程管理专业教学体系国际比较

3.4.1 教学方法

境内的教学方法普遍以课堂授课为主，讨论教学、案例教学、小组讨论的应用也越来越广泛，一些高校如同济大学，还有实践教学的运用。但总体来看，境内大部分课程的教学方法还是比较单一，学生参与度较低，教学效率不高。与此相比，境外教育经验相对成熟的高校教学体系中有多样的教学方法设计。讲座、小组研究、案例与讨论以及个人展示都是最基本的教学方法，导师制小班授课在大部分课程中采用。香港理工大学还有项目研讨会、工业中心训练工作室（Industrial Center Training Workshop），后者在施工图纸方面的培训讲习班和实际项目工程均有应用。

3.4.2 过程跟踪

工程管理专业模块要求均包括不同的评估模式，如教程演示、实验室报告、项目、论文以及最终的考试等。但在相似的评估模式下，评估的具体内容和侧重点仍然有不同的地方。

香港理工大学强调通过反思练习来进行过程跟踪，反思练习旨在将经验转化为学习，帮助学生评估长处和弱点，并识别补救措施，自我评估任务就是一种典型的学生检验自己对于知识的理解，发展推理能力的一种反思性练习。除此之外，其专业课程建设经济和金融（Construction Economics and Finance）将三分之二的时间花在翻转课堂上，每个学生都被要求提出至少一个问题。另外，课堂报告作为过程跟踪的一部分，报告应该是专业的、精心编排的，经过深入和彻底的审查，整合并应用课程中的内容，而不是在最后一分钟的临时组织。加州大学伯克利分校在评估标准中也格外强调这一点。我国工程管理专业的过程跟踪相比之下缺乏主动性和交互性。

3.4.3 实践环节的质量要求

境内实践环节的质量评估方法较为单一，国外高校则会通过多种评价方式对学生的实践质量进行评估测试。在 ACCE 标准的直接评估方法中，雇主或实习主管对学生成绩的直接评价是实践环节质量评估的重要组成部分，它通过专业人员的视角对学生在一项工程中所做的工作，形成的关系以及学习服务的经历作为主要评判对象。它可以捕获通过书面文本或其他方法难以获取的数据。

3.4.4 毕业设计

我国认证标准从产出结果来检验毕业设计（论文）的质量，要求毕业设计体现综合性、工程性和实用性，毕业论文要体现科学性、先进性和前沿性。境外标准则更关注学生获得的能力，如CIOB希望毕业设计中融入了学生所学知识，能够体现所获成就的复杂性、多层次性。香港理工大学开设的顶点计划（Capstone project），目标在于培养学生文献综述、选择研究模型与研究方法的能力。所谓Capstone project是让学生整合所学领域的知识，并充分利用这些知识，同时培养相关技能和态度的课程。通过要求学生完成一些应用性的项目，如：短期实习、无偿服务等，为学生提供参与“实战演练”的机会，让学生把此前所学知识和技能应用于解决实际问题，为学生进入职业社会做好铺垫。

4 工程管理专业评估认证标准

4.1 我国评估认证标准

4.1.1 评估委员会

为开展高等学校工程管理类专业评估认证工作，设立了住房与城乡建设部高等教育工程管理专业评估委员会。评估委员会是住房和城乡建设部授权的组织实施高等学校工程管理类专业教育评估认证工作的专家机构，接受住房城乡建设部和教育部的指导，并与高等学校工程管理和工程造价学科专业指导委员会及注册建造师、监理工程师、造价工程师等执业资格管理机构协同工作。

评估委员会的宗旨是加强国家和行业主管部门对高等学校工程管理类专业教育的宏观指导和管理，保证和提高高等学校工程管理类专业教育质量，使高等学校工程管理类专业毕业生符合申请相关专业国家注册执业资格考试的教育标准要求，并与有关专业的国际教育标准相衔接及在国际上相互承认学历创造条件。

评估委员会根据高等学校工程管理类专业教育的要求和相关专业国家注册执业资格考试的教育标准要求，制订相应评估标准、评估程序与方法、评估工作指南及有关评估工作细则等评估文件，不断总结专业评估工作，并对评估文件适时进行必要的修订、增添和废除。

评估委员会组织实施专业评估工作，具体包括：审查申请资格、审阅自评报告、组织和派遣考查小组、审议考察报告、作出评估结论、指导和监督评估有效期内高等学校开展教学质量监督。

评估委员会还负责对申请工程管理类专业评估的高等学校进行咨询和指导；对评估通过的院系在评估有效期内保持评估鉴定状态和对评估结论意见、建议的改进情况进行监督；对未通过评估的院系进行指导和咨询。

4.1.2 评估认证标准

1. 指标体系

《高等学校工程管理类专业评估认证标准》的指标体系由一级指标、二级指标和观测点三个层级构成，如表 4-1 所示。

表 4-1 高等学校工程管理类专业评估认证指标体系

一级指标	二级指标	观测点
1. 学生发展	1.1 学生来源	1.1.1 吸引生源的措施
		1.1.2 考生对专业的了解
	1.2 成长环境	1.2.1 活动平台
		1.2.2 选择权
		1.2.3 学分互认
	1.3 学生指导	
	1.4 过程跟踪	
2. 专业目标	2.1 专业定位	
	2.2 培养目标	
	2.3 知识要求	2.3.1 人文社会科学知识
		2.3.2 自然科学知识
		2.3.3 工具性知识
		2.3.4 专业知识
		2.3.5 相关专业领域知识
	2.4 能力要求	2.4.1 基础能力
		2.4.2 专业能力
	2.5 素质要求	2.5.1 人文素质
		2.5.2 科学素质
		2.5.3 专业素质

续表

一级指标	二级指标	观测点
3. 教学过程	3.1 教学计划	3.1.1 科学性
		3.1.2 合理性
		3.1.3 完整性
		3.1.4 时效性
	3.2 课程实施	3.2.1 教材选用
		3.2.2 课程安排
		3.2.3 课程内容
		3.2.4 教学方法
		3.2.5 教学技术
		3.2.6 考核方式
	3.3 实践环节	3.3.1 安排
		3.3.2 指导
		3.3.3 质量
	3.4 毕业设计（论文）	3.4.1 选题
		3.4.2 指导
		3.4.3 管理
		3.4.4 质量
	3.5 创新训练	3.5.1 培养
		3.5.2 提倡和鼓励
	3.6 教学管理	3.6.1 管理制度
		3.6.2 教学档案
		3.6.3 过程控制

续表

一级指标	二级指标	观测点
4. 师资队伍	4.1 教师结构	4.1.1 教师数量
		4.1.2 整体结构
		4.1.3 教师承担教学情况
	4.2 教师能力及发展	4.2.1 教师背景
		4.2.2 教师能力
		4.2.3 教学和教改
		4.2.4 科研活动
		4.2.5 青年教师发展
	4.3 管理人员	4.3.1 教学管理人员
		4.3.2 学生管理人员
5. 教学资源	5.1 信息资源	5.1.1 图书资料
		5.1.2 规范标准
	5.2 教学设施	5.2.1 教室
		5.2.2 实验室
		5.2.3 实习基地
	5.3 教学经费	
6. 质量评价	6.1 内部评价	6.1.1 毕业资格审核
		6.1.2 培养目标达成度评价
		6.1.3 毕业生去向
		6.1.4 师生满意度
	6.2 社会评价	6.2.1 社会评价机制
		6.2.2 毕业生满意度
		6.2.3 社会声誉
	6.3 持续改进	6.3.1 毕业生跟踪反馈
		6.3.2 社会变化响应
		6.3.3 问题改进

2. 标准内容

六个一级指标分别是学生发展、专业目标、教学过程、师资队伍、教学资源和质量评价，每个指标涵盖的评估标准内容如下。

（1）学生发展

最新一轮专业评估更加关注学生发展，其中包含了学生来源、成才环境、学生指导和过程跟踪。

学生来源主要考察高校吸引生源的措施，专业具有吸引优秀生源的制度和措施，生源质量稳定。同时，专业有一定的社会影响，考生对专业和培养目标有所了解。

成才环境主要指学生具有良好的校园环境，学校能为学生提供丰富的课外活动和社会实践平台。同时，在完成专业要求的基础上，能为学生提供自由发展空间，学生有一定的专业、方向和课程的选择权。学校对学生转系、转专业、转方向、校际交流有明确的学分互认规定。

学生指导是指具有完善的学习指导、职业规划、就业与创业指导和心理辅导等方面的措施并能够很好地执行落实。

过程跟踪是指对学生在整个专业学习过程中的表现进行跟踪与评估，以证明学生能力的达成，保证毕业时能达到毕业要求。

（2）专业目标

专业目标包括 5 个部分，分别是专业定位、培养目标、知识要求、能力要求和素质要求。

专业定位是根据行业和社会需求及学校的办学思想、办学基础、发展潜力确定专业人才的培养类型和主要服务面向。

培养目标是指专业有明确的、适应社会经济发展需要并符合专业定位的培养目标；培养目标包括学生毕业时的要求，还应能反映学生毕业后 5 年左右在社会与专业领域预期能够取得的成就。

知识要求包括人文社会科学知识、自然科学知识、工具性知识、专业知识和相关专业领域知识。具体要求是了解哲学、政治学、社会学、心理学和历史学等知识；了解文学、艺术等方面的基本知识；掌握高等数学和工程数学知识；熟悉物理学、信息科学、环境科学的基本知识；了解可持续发展相关知识，了解当代科学技术发展的基本情况；掌握一门外国语；掌握计算机及信息技术的基本原理及相关知识；掌握工程制图、工程材料、房屋建筑学、工程力学、工程结构、工程测量及工程施工等工程技术知识；掌握工程项目管理、工程估价、运筹学和工程合同管理等管理学知识；掌握工程经济学、会计学、工程财务等经济学知识；掌握经济法、建设法规等法学知识；掌握工程建设信息系统管理等计算机信息技术知识；了解该专业相关的建筑学、城市规划、建筑环境与能源应用工程、给排水科学与工程、建筑电气与智能化、交通工程、风景园林、金融学、保险学、工商管理及公共管理等相关专业的基础知识。

能力要求分为基础能力和专业能力。基础能力要求具备较强的语言与文字表达能力；具备对专业外语文献进行读、写、译的基本能力；具备一定的文化与艺术鉴赏能力；具备运用计算机辅助解决专业相关问题的基本能力；具备进行专业文献检索和初步科学研究能力；具有创新意识和具备初步创新能力，能够在工作、学习和生活中发现、总结、提出新观点和新想法。专业能力要求工程管理专业人才应具备在土木工程或其他工程领域进行工程策划、设计管理、投资 / 成本控制、进度控制、质量控制、安全管理、合同管理、信息管理和组织协调的基本能力；具备发现、分析、研究、解决工程管理实际问题的综合专业能力。工程造价专业人才具备在土木工程或其他工程领域进行项目的投融资分析与策划能力；具备建设项目工程造价确定与控制、工程施工成本管理、工程审计和工程造价纠纷鉴定的能力；具备工程合同管理、风险管理能力；具备解决工程建设全过程造价管理实际问题的综合专业能力。

素质要求分为人文素质、科学素质和专业素质。人文素质要求树立科学的世界观和正确的人生观，有社会责任感，愿为国家富强、民族振兴服务；具有高尚的道德品质，能体现人文和艺术方面的良好素养；心理素质好，具有面对挑战和挫折的乐观主义态度，能应对危机和挑战。科学素质要求具有严谨求实的科学态度和开拓进取精神；具有科学思维的方式和方法；具有创新意识和创新思维。专业素质要求具备良好的职业道德和职业精神；具备实事求是、理论联系实际、不断追求真理的精神；具备系统的工程意识和综合分析素养，能够发现和分析工程系统的不足与缺陷，解决工程系统的重难点和关键问题；具备一定的表达能力和与他人沟通的能力、团队协作能力，具备较强的与社会及他人交往的意识和能力。

上述知识要求、能力要求、素质要求统称为毕业要求。

（3）教学过程

教学过程分为教学计划、课程实施、实践环节、毕业设计（论文）、创新训练和教学管理六个方面。

教学计划要遵循教育规律，课程安排具有逻辑性、系统性，体现现代工程管理教育特点。教学计划符合专业培养目标、针对学生来源、适应就业去向，满足个性化培养要求。知识体系、实践体系和创新训练体系完整；选课指导、课程大纲、实践指导书等教学文件齐全。能根据变化或实施过程中发现的问题及时更新教学计划。

课程实施能根据教学大纲，选用高水平的教材及合适的教学参考资料，重视教材建设及更新。教学环节安排合理，注重课程间知识的衔接与融合。课程内容充实，能理论联系实际，及时进行课程内容更新，体现工程管理专业发展及社会需要。教学方法具有启发性，有利于培养学生自主学习、独立思考和综合运用知识的能力。充分利用现代化教学手段和技术，为学生提供丰富的课程网络资源。考核方式能体现课程特点、专业定位与培养目标，考核结果能客观反映学生对相关知识的掌握程度。

实践环节要求按照教学大纲安排实践环节，时间有保证，重视与工程实际相结合，有完善的考核制度。配备足够的、具有实践经验的指导教师，切实保证实习、实验和课程设计质量。实践环节的质量能够达到教学大纲要求。

毕业设计（论文）题目应覆盖所设置的专业方向；选题内容应符合毕业设计（论文）任务书要求，毕业设计要体现综合性、工程性和实用性，毕业论文要体现科学性、先进性和前沿性，难易程度和工作量合理，累计时间一般不少于12周。配备足够的指导队伍，每名教师指导的学生数量不超过10名；独立指导毕业设计（论文）的教师应具有工程经验、讲师及以上职称，在教师的指导下，学生能够运用所学知识独立完成毕业设计（论文）任务。有健全的毕业设计（论文）管理制度及过程控制措施，并严格执行。毕业设计（论文）的质量能够达到专业的毕业要求，有足够的工作量，与往届、同届毕业生不重复。

创新训练在整个本科教学和管理的相关工作中贯彻和实施创新训练与初步科研能力培养。有提倡和鼓励学生参加创新实践与课外学术研究活动的制度、措施。

教学管理具有完善有效的教学质量保障体系，学籍与学位管理、学生管理、教务管理、教学质量管理、实践教学管理、师资队伍管理与建设及教学研究与改革等管理制度完备。教学档案及学生学习档案，包括近4年的专业基础课和专业课的试卷、实习及实验报告、课程设计和毕业设计（论文）等管理良好，能在规定时间内及时归档，档案登记规范、目录清晰、查找方便。对教学全过程的关键节点设有质量监控点，形成完整的监控体系；监控内容具体、监控和反馈职责明确，监控记录完整、反馈及时。

（4）师资队伍

师资队伍主要从教师结构、教师能力及发展以及管理人员三个方面来进行评估。

教师结构要求设有专业基层教学组织或者教学团队，有副教授以上职称的专业带头人及其后备师资队伍，其中专任教师应不少于15人，且至少有教授2名、副教授4名。具有硕士研究生学位以上教师占专任教师的比例不低于70%，具有高级职称的教师占专任教师的比例不低于40%，年龄结构和学缘结构较为合理并具有良好的发展趋势；需具有一定比例的有工程管理实践经历的专任、兼任教师。具有高级职称的教师每年应承担本科生教学任务，专业核心课程应由本专业具有高级职称的专任教师担任课程负责人，且由本专业专任教师承担教学任务。

教师能力及发展要求教师必须具备高校教师资格，有工程技术、经济、管理、法律、计算机应用技术等学科背景构成的专任教师队伍，能独立承担专业核心课程教学任务，主要专业课的主讲教师必须具有讲师及其以上职称。教师应具有足够的教学能力、专业水平、工程经验、专业软件应用能力以及沟通能力、职业发展能力，能满足专业教学的需要。教师应有足够时间和精力投入本科教学和学生指导中，并积极参与教学研究与改革。专业课程教师能够开展科研活动，所在高校应有相关学科的基本支撑条件。青年教师有具体的发展规划，学校能提供教师发展的机会和条件。

管理人员主要指教学管理人员职责明确，爱岗敬业。有一支专职和兼职结合、稳定的学生管理队伍。

（5）教学资源

教学资源包括信息资源、教学设施、教学经费三项指标。

信息资源主要指工程管理类专业所在高校图书馆中拥有与工程管理类专业本科学生数量相适应的专业图书、国内外期刊、电子期刊数据库和工程资料库，应具有数字化资源和具有检索资源的工具，并且每年进行图书、资料的更新。有满足教学需要的现行法律法规文件、标准规范规程、标准图集，与专业有关的规范标准齐全。

教学设施主要指教室的教学设施完好，有满足教学要求的多媒体教室；有满足毕业设计要求的教室。有工程管理和工程造价实验室，有课程教学和毕业设计（论文）所必需的正版专业软件、设施、仪器、设备、计算机，能够满足工程管理类专业实验教学需要和学生日常学习需要。专业实验室应对学生开放，与专业有关的教学软件应现行、实用。具有相对稳定的校外实习基地 5 个以上，并与学生实习人数相适应，实习条件应满足相关实践环节的教学要求。

教学经费应能保证正常教学活动的开展。

（6）质量评价

质量评价主要有内部评价、社会评价和持续改进。

内部评价是指能严格审核学生的毕业条件；能定期对专业培养目标的达成度进行评价；毕业生去向与本专业的培养目标基本吻合，毕业生具有良好的社会适应能力和就业竞争力；学生、教师和学校对培养质量的总体满意度较高。

社会评价是指有行业、企业参与的教学质量社会评价机制；毕业生对培养质量满意度较高；用人单位对培养质量有较高的认可度；毕业生在单位能得到较好发展。

持续改进是指有完备的毕业生跟踪反馈系统，能定期评价培养目标的实现程度并将结果用于培养方案（包括培养目标、教学计划）的修订、培养质量的持续改进。能及时、主动地对社会变化做出响应。对上次评估发现的问题有实质性改进（仅针对复评学校），有明确的专业持续改进的制度和措施，确实做到以评促建。

评估认证程序如图 4–1 所示。

4.2 国际认证标准

英国皇家特许建造学会、英国皇家特许测量师学会和美国工程管理教育委员会是世界范围内最具影响力的认证机构，通过评估和认证推动了工程管理专业教育的不断发展，其会员资格在国际建筑行业中得到广泛认可。

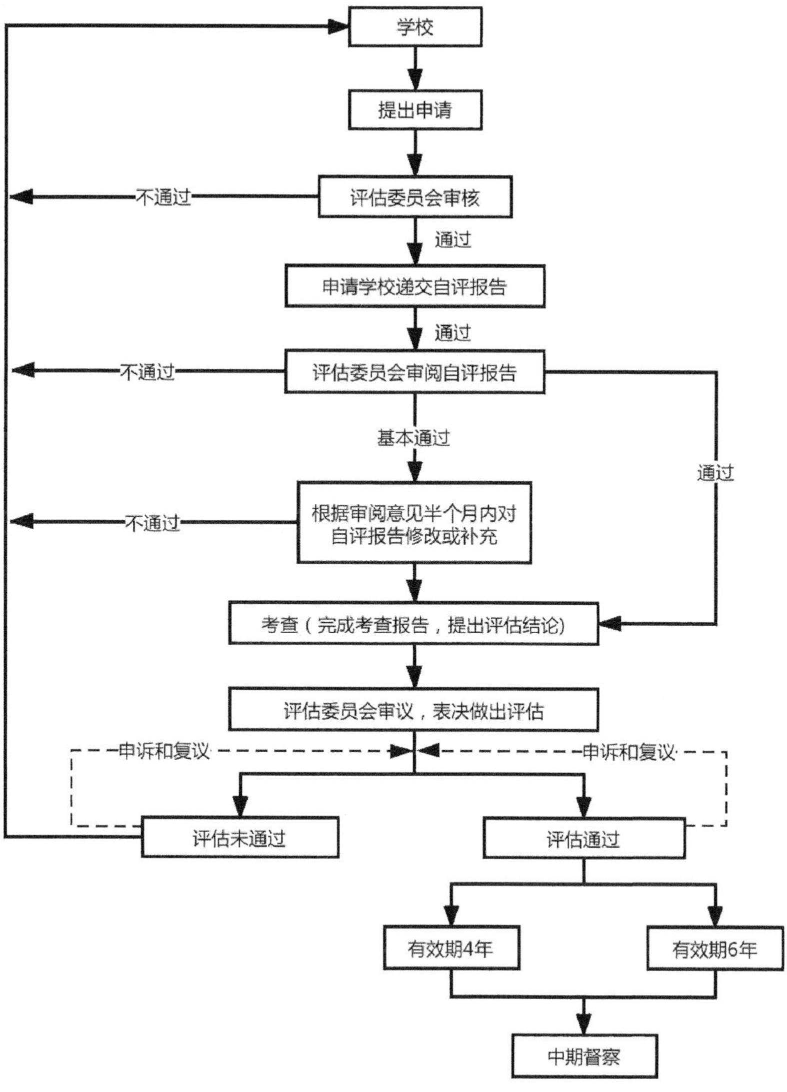

图 4–1　高等学校工程管理类专业评估认证程序

4.2.1 英国皇家特许建造学会

1.CIOB 概况

（1）关于 CIOB

英国皇家特许建造学会是由托马斯·库比和塞缪尔·莫顿·佩托等杰出人士于 1834 年创立的建造学会。CIOB 对建筑管理学科有着广泛而包容的视野，现在代表着全球建筑行业最多元化的专业。CIOB 认可符合《教育框架》学术和职业标准的一系列建筑环境学科项目。

CIOB 职能包括：制定并维护建筑管理专业标准；代表建设管理领域专业人士的声音；管理会员执业资格和提高会员的执业标准和声誉；提升整个建筑行业的高标准和最佳实践等。CIOB 在国际建筑工程领域享有盛誉，世界各地的 CIOB 会员也不断通过杰出的工作赢得赞同与尊敬。

（2）教育框架

《教育框架》是 CIOB 公布的建筑管理教育标准。CIOB 为英国学位授予机构的高等教育资格框架提供了重要的参考点，帮助他们制定和维持学术标准。《英国高等教育质量准则》（UK *Quality Code for Higher Education*）同时也纳入英国和欧洲以外的参考点来确保整个高等教育领域的学术标准门槛。

CIOB 认证 4 级以上国家学历学位及 7 级研究生课程，英国学位授予机构的高等教育资格框架及对应级别参见表 4–2。本科教育框架主要适用于 4 级到 6 级的本科荣誉学位课程。

CIOB 在建筑环境中代表不同的专业，而教育大纲所载的学习成果，旨在为教学机构提供指引，不应视为或用作规定的教学大纲。教育框架中建筑管理的引用在已发布的文件《建筑管理的包容性定义》（John Bale，2010）中进行了定义，建议在申请 CIOB 认证或使用教育框架为课程设计或审查提供信息时参考本文件。

教育框架还基于一些外部参考，如英国质量保证机构基准和国家职业标准等。为取得 CIOB 认可的目的，教学机构有兴趣反思现有的课程内容，作为设计新课程时的参考文件。

2017 年 4 月，评审委员会下属的教育框架评审小组（Education Framework Review Group）对该框架进行了评审，并对各主题进行了修订，包括增加了包容性、基于工作的学习以及引入了跨专业的最低门槛要求。

表 4–2 英国高等教育资格框架

英国学位授予机构授予的高等教育资格类型	对应英国高等教育资格框架水平	对应欧洲高等教育区总体资格框架周期
博士学位	8	第三个周期结束时的资格
硕士学位	7	第二个周期结束时的资格
综合硕士学位		
医学、牙科和兽医学初级资质（或第一学位）		
研究生文凭		
教育类研究生证书、教育类研究生文凭		
研究生证书		
荣誉学士学位	6	第一周期结束时的资格
学士学位		
英格兰、威尔士和北爱尔兰教育专业研究生证书		
大学毕业文凭		
大学毕业证书		
基础学位（2 年基础课程）	5	短期周期（即第一周期内或与第一周期相关）资格
高等教育文凭（2~3 年专业课程）		
英格兰、威尔士和北爱尔兰的学位授予机构颁发的高等国家文凭		
英格兰、威尔士和北爱尔兰的学位授予机构颁发的高等国家证书	4	
高等教育证书（1~2 年专业课程）		

（3）CIOB 认证

CIOB 认证是对教学机构和课程的认可，标志着教学机构和课程的学习成果达到最高的质量标准。CIOB 在英国和全球范围内认证了从学士学位到研究生学位的一系列建筑环境课程。

2. 本科教育框架

CIOB 本科教育框架包括建筑工程管理、职业操守、健康、安全和幸福、可持续、建筑工程环境、建筑工程技术、毕业论文 / 设计 / 研究项目和基于工作的学习八个一级指标，每个一级指标下设二级指标并对应 4~6 级本科荣誉学位课程，各方面达到要求才会被吸纳成为 CIOB 会员。

（1）建筑工程管理（表 4–3）

表 4–3　建筑工程管理指标

主题	4 级	5 级	6 级
过程管理	了解施工过程的管理，从项目开始到竣工投入使用； 了解企业组织、行业、客户和社会	运用建设、维护和采购相关知识进行项目管理和采购方法的选择	分析并解决施工过程中的相关问题
人力资源 / 人员管理	了解参与施工过程的人员的角色和职责	解释人力资源 / 人员管理方法如何影响施工过程 例如： • 员工关系 • 人员招聘和选拔 • 时间管理 • 建设者服务 • 人、动机和行为 • 绩效管理和评估 • 团队和团队整合 • 领导力和领导风格 • 包容和平等 • 培训与发展	评估组织人力资源管理政策，确保公平对待所有员工
心理学	理解对方的重要性； 了解建设过程对个人幸福、福祉和包容性的影响	将对人的理解应用于各种过程包括： • 压力管理 • 谈判 • 个人和团队冲突的解决	评估个人理解在建筑组织变革管理中的应用
计划和安排项目	了解时间、成本和资源管理对有效完成项目的重要性； 了解外部基准，如 CIOB 在复杂项目时间管理方面的良好实践和守则	展示使用数字化规划工具的能力，并将这些工具应用于施工过程，包括： • 项目计划 • 关键路径分析 • 资源分层	评估和应用不同的项目管理技术到复杂的项目： • 进度与完成 • 管理和决策流程 • 项目评估与评审技术（PERT） • 风险分析 • 建筑信息建模（BIM）

续表

主题	4级	5级	6级
过程绩效管理	明确流程改造绩效管理，包括明确和实施关键绩效指标（KPI）	在一个建设项目中应用关键绩效指标	评估和应用不同的绩效管理技术到复杂的项目中 例如： • 采购和合同执行 • 过程改进 • 激励机制 • 最佳实践、反馈和反思 • 业务和市场开发、产品开发和研究 / 创新管理

（2）职业操守（表 4–4）

表 4–4　职业操守指标

主题	4级	5级	6级
角色和行为	领会施工经理在国际环境中的角色，包括： • 建筑环境的管理、开发、保护和改善 • 专业管理者在施工中的角色 了解专业行为准则和道德规范，包括 CIOB 的专业能力和行为规则； 了解建造业委员会（CIC）的基本原则，以达到无障碍和包容的环境； 认识到个人和项目特定信息的在线安全需要； 了解与建造资产相关的知识产权	讨论与应用道德行为及行为守则有关的事宜； 运用建造业委员会的基本原则，达成一个无障碍和包容的环境； 了解用于提供个人和项目特定信息的在线安全的方法； 理解知识产权对构建资产的应用	建议改善措施，以进一步提升建造业的形象和效率

续表

主题	4级	5级	6级
平等、多样性、残疾、年龄、性别、性取向、信仰、种族、文化与行为	展示对2010年《平等法》中定义的9个“受保护特征”的意义和相关性的认识。这些因素包括年龄、残疾、变性婚姻和民事伴侣关系、怀孕和生育、种族、宗教和信仰、性别和性取向	举例说明并准备计划，以便在建造环境下推行合乎道德做法，以显示对客户、顾客和建筑环境“产品”和设备的消费者的考虑	分析公开和透明相对机密和商业敏感性问题的作用和价值；检查企业、行业或政府政策的包容性及其对建筑业的价值
采购及招标实务	描述公平贸易和公平经济的原则	应用专业的报告及会计准则。理解报告中诚实和准确的必要性	回顾及建议符合专业责任的国内及国际程序，例如贿赂、洗黑钱等
公司治理和社会责任	在公共和私人机构内确定个人在公司治理和企业社会责任中的有关责任	应用伦理框架作为决策的辅助	比较组织和社会中政府与企业社会责任； 从个人和职业道德角度评估公司决策
自我发展与反思	确定个人优势，了解自我和发展领域	准备一份自我发展计划，并提供回顾和反思	对自我发展和自我意识进行回顾和反思

（3）健康、安全和幸福（表4–5）

表4–5　健康、安全和幸福指标

主题	4级	5级	6级
立法与实践	了解适用于建筑工程设计和管理的健康与安全的法律环境和术语； 了解健康、安全和幸福的重要性和管理	准备一份风险评估，了解建筑设计与管理规范中主要参与者的角色，特别是主要承包商的角色	从公司的角度对健康和安全法规进行评判性的评估
个人责任	了解所有参与建设项目的人员在健康、安全和幸福方面的重要性，并概述他们的职责	评估一系列有关事故的案例研究和统计数据，审查影响以及原因和后果	反思个人对组织内各级健康、安全和幸福感的责任，以及采取行动和不采取行动的后果

续表

主题	4 级	5 级	6 级
管理	了解各种健康和安全管理工具和技术，以及健康、安全和幸福管理和培训方面的最新发展	在设计和施工的背景下，识别和管理潜在和实际的健康、安全和幸福危害和风险	对各种项目的健康和安全管理程序进行评判性评估
健康及安全文化	了解施工中与健康和安全文化管理相关的问题	明确、建立和维护组织的健康、安全和幸福文化和实践	分析建造业在设计及管理建造业项目时，应如何加强能力、行为及对健康、安全及幸福的承诺

（4）可持续（表 4–6）

表 4–6　可持续指标

主题	4 级	5 级	6 级
全球性问题	表现出对以下内容的理解： • 社会可持续性和生活质量 • 经济可持续性 • 环境可持续性 例如："文莱报告""环境影响""低碳和零碳""能源生产"	解释建筑环境对环境的影响程度	分析建筑物在其生命周期内，从设计到建造、使用、翻新和拆除与处置的主要可持续性影响
立法和政策	表现出对以下可持续发展内容的理解： • 问题 • 术语 • 政策 • 立法 • 设计	描述减少建造业活动及建筑环境影响相关法规的主要推动因素	审视建造业在可持续发展三个主题下所面对的挑战、机遇及责任 • 社会可持续性和生活质量 • 经济可持续性 • 环境可持续性
新的建筑设计和改造	认识到提供舒适及健康的内部环境对楼宇碳排放的影响，包括： • 供热制冷 • 空气密度和质量 • 照明质量	解释"低能耗""被动"设计和"健康"建筑的主要原则	对与建筑设计和运营管理相关的碳排放问题进行成本效益和可行性分析； 比较建筑物的预测与实际可持续性表现

续表

主题	4级	5级	6级
建筑评估	了解环境影响主要原则和能源（碳）评估方法	应用正确的环境影响和（或）能源（碳）评估技术	就提供舒适和健康的内部环境对建筑物碳排放的影响进行评估； 评判性地审视能源（碳）评估技术
消耗	了解建筑环境中的废物来源，包括： • 材料浪费和再利用 • 劳动力资源	在建设项目生命周期内制订和采用相关政策建立可控来源并消除浪费	评估可用于减少所有废物和加强回收利用的技术，包括精益建设、资源效率和采用循环经济促进可持续性
施工现场具体问题	识别并解释施工现场和作业对环境的影响	识别及运用正确方法，以减轻施工过程中对可持续发展的负面影响	
委托方		评估可持续发展对委托方企业社会的重要性； 责任、愿景、形象和关键绩效指标	

（5）建筑工程环境（表 4–7）

表 4–7　建筑工程环境指标

主题	4级	5级	6级
建筑业	关于国内和国际建筑业，理解并领会以下内容： • 历史发展 • 规模、结构和产量 • 未来的机会	识别参与建造过程的人以及他们的角色和职责； 认识建筑工程的功能与建筑环境其他学科之间的协作和跨学科关系	综述建筑业未来发展所面临的威胁及机遇
社会和经济影响	描述建筑业在一个国家的经济和社会财富中的作用，以及提供一个包容的社会	理解和领会影响建筑环境规划、设计和发展的社会、包容和政治问题	评价和评估当前问题的影响，包括可持续性、健康与安全国际化、全球建筑活动的社会和经济包容性

续表

主题	4 级	5 级	6 级
法律环境	理解和描述以下原理： • 与建筑活动相关的法律制度 • 合同法和侵权法 • 建筑活动法规，包括规划条例 • 保险	描述与下列有关的设计、建造及运营阶段有关的法律责任及程序： • 合同及其管理 • 规划 • 就业 • 环境 • 设计	分析法律义务对施工管理过程的影响； 评价和评估其他争议解决程序
经济原理和商业制度	了解并描述以下原理： • 宏观和微观经济学 • 供给与需求 • 市场结构与运营	比较、评估和选择不同的施工采购流程； 从商业角度理解和领会全球建筑市场	研究建筑公司在全球市场的机会和问题
金融管理	了解并描述以下原理： • 建设组织和活动的财务 • 现金流	应用与建筑工程管理有关的财务信息： • 从开始建设到拆除的现金流、成本和财务数据 • 评标 • 价值管理 / 工程 • 全生命周期成本核算 • 决策	执行与最终结算、索赔和争议解决相关的程序和实践； 评价和评估企业财务管理和专业实践
设计和建设过程	关于开发过程，理解并领会以下内容： • 过程步骤 • 施工专业人员在过程中的角色 • 确保设计的包容性 • 数字技术和信息管理的运用	从初始成本和全生命周期成本的角度比较、评价和选择不同的建筑材料、产品和工艺； 比较和评价数字技术和信息管理的使用情况	在财务和法律方面，包括开发可行性和评估方面，表现出对房地产和基础设施发展的重视； 评估在协作环境中工作的重要性和挑战，以及设计、成本和计划的集成
测量和评估	利用数字信息模型或实地测量，按计划进行土地丈量及建筑工程； 了解施工活动的价格和成本估算原则	为施工活动提供从可行性到最终决算的价格和成本估算实例； 使用一系列标准测量方法进行精密测量； 电子测量和评估体系的鉴定评价	

（6）建筑工程技术（表 4–8）

表 4–8　建筑工程技术指标

主题	4 级	5 级	6 级
建筑性能与技术	描述和说明简单建筑物的功能和性能要求； 了解、描述、选择和说明可用于建造简单建筑的主要和次要建筑元素的备选方案，以及必要的场地设置	描述和说明框架和复杂建筑的功能和性能要求； 理解、描述、选择和演示可用于框架和复杂建筑（包括带地下室的建筑）的主次建筑元素的现场或场外施工的备选方案； 进行设计方案评估，确保遵守现行建筑法规，包括节能、碳排放、包容性、可达性、安全性和结构性能控制	研究可持续技术应用于案例建筑的潜力和应用； 评估和挑战使用建议的技术，以满足当代和创新解决方案的需求，以实现一体化、可行性、速度、成本、健康和安全以及质量标准应用于案例研究建筑
建筑设备设计	了解和领会简单建筑设备的功能和设计，确保人类的舒适	认识及领会复杂楼宇设备的功能和设计，包括整幢楼宇设备系统运作的功能和设计	研究和选择合适的解决方案，包括在开发项目范围内为建筑设备选择可再生技术
问题及缺陷	展示对常见缺陷和翻新技术的知识，以恢复建筑的当代使用	讨论适用于建筑物升级或更改用途的翻新及改装方案	调查并提出未来建筑的防护措施
实地勘测	了解现场勘测技术。了解污染土地和棕地的问题。解释土地测量的基本原理。	运用地质勘测原则，评估地质是否适合进行建筑工程； 具备良好的地理知识	分析实地勘测技术在防止工程建设阶段出现意外问题方面的成效
材料	描述建筑材料的特性，了解其与自然环境有关的性能特征及其对自然环境的影响，包括有害材料	根据材料的科学性能、使用环境和条件分析材料的性能	评估采购建筑材料的可行性，以及可能对施工过程产生的影响
楼宇性能及维修	具备维护技术和维护管理知识，如 BMS	应用及评估各种维修技术及维修管理系统，以配合不同的楼宇类型，例如：住宅，商业，工业，公共设施	

（7）毕业论文 / 设计 / 研究项目（表 4–9）

表 4–9 毕业论文 / 设计 / 研究项目指标

主题	
研究	研究当代建筑营造环境问题； 具有选择和应用合适的研究方法的能力； 分析、综合和评估影响建筑环境的关键问题

（8）基于工作的学习（表 4–10）

表 4–10 基于工作的学习指标

培养可转换的管理技能		发展职业技能	
沟通	有效地向观众呈现信息； 展示有效的会议技巧； 展示有效的人际交往技巧和非正式的沟通	策划及组织工作	设定和审查工作目标； 计划活动和工作方法； 监控工作活动
决策	确定问题的解决方案； 调查工作中的问题、原因和影响	管理健康和安全	确定健康、安全及幸福法规下的工作职责及做法； 识别和描述风险控制措施的实施
管理信息	识别和收集工作角色内执行任务所需的所有必要信息； 有效地处理信息以满足工作目标； 识别纠正错误或不足信息的措施	管理质量	调查产品、服务或过程的质量； 为该机构进行调查
领导和战略 / 财务管理	确定组织内部的各种采购流程； 展示识别和管理风险的能力； 演示有效的预算控制并确定预算限制； 展示有效的时间管理	实施可持续发展建设	识别和评估公司在可持续建筑方面的政策和实践； 确定保护工作场所和周围环境的方法
个人工作效率	展示有效的团队合作； 展示处理团队冲突的能力	具备商业、合同和法律方面的知识	确定决策的影响 / 结果； 对建筑和相关民法有一定的理解

CIOB 认证的学位课程本质上是以职业为重点的，因此，CIOB 希望在认证项目中看到一系列基于工作的学习（WBL）元素。WBL 可以采取多种形式，可以是学徒制、为期一年的企业实习或较短的实习期、实地考察、现场参观、企业/专业讲座以及基于真实项目的现场和历史案例研究和作业等。尽管 CIOB 并不要求所有获得认证的课程都必须包括为期一年的实习，但它强烈主张将 WBL 元素包括在内。

4.2.2　英国皇家特许测量师学会

1.RICS 概况

（1）关于 RICS

英国皇家特许测量师学会已经有 140 余年的历史，是为全球广泛、一致认可的专业性学会，其专业领域涵盖了土地、物业、建造、项目管理及环境等 17 个不同的行业，目前有 14 万多会员分布在全球 146 个国家，拥有 400 多个 RICS 认可的相关大学学位专业课程。

认证是 RICS 与教育提供者合作的过程，以表彰与测量职业相关的课程，这些课程将支持获得专业资格的途径。RICS 认证展示了全球公认的测量教育标准，获得本科和研究生学位课程认证的教育提供者被称为 RICS 合作伙伴。认证期通常为 5 年，可以通过重新认证程序来更新。

（2）认证必要条件

申请认证的所有课程必须符合以下标准：

① 学士学位课程时数最少为 3 600 学时（学分相当），硕士学位或研究生文凭课程时数最少为 1 200 学时，非本专业学生的研究生文凭至少有 1 800 小时的认定时间；

② 对于使用经权威认证的欧洲学分转换系统（ECTS）的大学，本科学位必须至少有 180 ECTS，研究生学位必须至少有 60 ECTS；

③ 至少 1 000 学时应来自最高的本科水平；

④ 确认课程在授课国受到相关教育监管机构/当局的监管。

2. 认证标准

在认证项目时，专家组主要从以下 10 个方面给予评价。

（1）RICS 培养路径

成功完成 RICS 学位认证的学生可以继续参加 RICS 的专业能力评估（APC），

以获得特许测量师的资格。特许测量师的工作领域和专业领域广泛，RICS称之为“路径”，是指每条途径都需要自己的一套技能、知识、经验和能力，以确保专业人员有资格取得最高的成就。

RICS能力分为三个层面：

1级——知识和理解；

2级——应用知识和理解；

3级——推理的建议和深入的知识。

教育提供者将证明该课程符合至少一个途径的一级能力，提供者最多只能选择两种途径。预计该方案将包括（至1级）所有核心和强制性能力以及最低限度的可选能力。每个实践领域的能力背景，以及证明能力所需的可能技能、知识和经验的例子，都在每项路径指南中列出。如果教育提供者不能将项目与路径的最低能力要求相对应，则提供者必须解释其原因。

（2）学生体验

教育提供者要证明学生对课程、资源、服务和工作人员有积极的看法。例如，通过外部审查员报告或其他机构编制的质量保证报告或让学生代表出席课程 / 教师咨询委员会来了解项目和工作人员质量。同时在认证访问期间与学生交流，整理他们对课程、评估结构、资源、服务和员工的意见，这些反馈将与教育提供者提供的信息进行比较。

RICS认可课程的毕业生应具备专业工作能力，而衡量教育提供者的教学质量及其帮助学生进入职场的能力的一个量化指标是学生就业。教育提供者需要能够证明，它培养的毕业生具备雇主所要求的基础知识和技能。教育机构须提供毕业生总数及从事与测量有关工作的毕业生人数，在可能的情况下，在教育机构开展职业调查活动。

（3）内部质量保证

认证取决于教育提供者具备完善的质量管理体系，以便根据项目标准进行自我评估。教育机构的质量管理体系必须定期审核课程的有效性和相关性，教师须为课程提供质量保证措施。

（4）评价程序

教育提供者将详细说明他们的课程评估方法。例如：提供与评估的设置、审核和评分相关的政策和程序（包括评分矩阵、准则）。此外，教育机构亦须提供所有课程之前的试卷空白复本和考核评价样本，包括不同等级论文的范例。

提供含有详细说明每个项目的评估过程、时间表和评分标准的方案指南。

（5）师资队伍（学术）

必须证明课程是由合格的教师讲授的，以便有效地执行课程。对学生来说，重要的是要由高质量的教师来教授，教师不仅要积极从事研究工作，而且要有全面的学术和专业知识。教育提供者应鼓励工作人员参与有助于其专业发展的活动，并支持学生和教师之间的互动。同时，为了符合特许测量师能力要求，还需要提供特许测量师参与项目的开发和交付。

（6）教育资源

学生应该有机会获得最好的资源来继续他们的学业，学习软技能和发展他们的职业生涯。教育提供者将为学生提供良好的资源，以确保他们在学习上处于有利地位。这些资源包括：图书馆、数据库订阅、研究设施、教育和社交机会、工作安排、实地访问、研讨会及实验室等。

（7）课程与行业相关

学院或系成立咨询委员会，由外部人士担任。申请认证课程时，其顾问小组须有一名特许测量师，或具备同等资格。认证课程的决定将不以此为条件，但如果没有，可能会要求顾问小组在课程获得认证的第一年之内邀请 RICS 特许测量师加入该小组。咨询委员会定期举行会议，教育提供者提供会议记录和委员会确定的行动要点，证明该委员会的建议已由教师们付诸行动，并提供教师为课程和教学方法改进而做的研究和创新等信息。

（8）与 RICS 的合作

教育机构会在课程内推广 RICS 及国际标准，教师通过教学将标准融入课程内并提供专业指引。

（9）道德标准

RICS 建立了一套清晰、精简的专业道德标准，道德标准将嵌入课程，所有候选人都必须具备应用我们道德标准的知识和能力，恪守最高的道德准则。

（10）包容性和多样性

教育提供者确保包容性和多样性包含在课程和企业精神中，通过学生数据分析不同教育机构的学生群体的多样性。RICS 还制定了一项自愿参与的标准，称为“包容性雇主品质标志”（Inclusive Employer Quality Mark，IEQM），旨在帮助该行业的公司获得竞争优势和多样化的劳动力。

4.2.3 美国工程管理教育委员会

1.ACCE 概况

（1）关于 ACCE

美国工程管理教育委员会是一个私营非营利性组织，它的使命是推动、支持和认证工程管理教育项目质量，成为全球工程管理教育质量的倡导者。ACCE 的主要目标是促进和持续改进工程管理高等教育，具体地说，就是在要求参与认证的大学和学院的工程管理教育项目要符合 ACCE 的标准和条件。ACCE 被美国高等教育认证委员会（CHEA）认可为建设工程、工程科学、工程管理和工程技术四年制学士学位、两年制专科学位和硕士学位的认证机构。委员会也认证非学位项目的继续教育课程。

ACCE 于 1974 年由美国工程学会（American Institute of Constructors）、建筑商行业组织和工程学院联盟组建的，得到了主要的建筑和承包协会以及学术机构的支持，这些协会和学术机构致力于满足建筑行业对人才的需求。

目前，ACCE 已与我国工程管理认证委员会（NBCMA）、加拿大技术认证委员会（CTAB）和英国皇家特许建造学会达成互惠协议，这些协议包括学术标准的可比性、程序信息的交换和相互的观察和访问。

（2）认证要求

工程管理教育学位课程须符合下列条件：

①须设在依据法律有权提供中等以上教育学位课程的高等教育机构。此外，在美国的教育机构必须取得当地认证单位的认证，而在其他国家，如果存在相应的认证单位，也必须取得对方的认证。

②须运行足够长的时间，以便授予申请认证的学位（至少须有一届毕业生）。

③提供主要侧重于工程管理专业的学士学位课程。

④指定一位负责领导和管理该学位课程的管理人员。

2. 认证标准

ACCE 认证标准体系包括组织与管理、课程、师资、学生政策、教学资源、财政资源、行业校友公共关系和学术质量 8 个一级指标，每项一级指标又含若干二级指标和观测点。

（1）组织与管理

组织与管理指标下设四个二级指标，分别是机构组织架构、教育单位的自治、结构和领导、教师参与、对机构的贡献，对应的观测点如表 4-11 所示。

表 4–11　组织与管理指标

指标	观测点
机构组织架构	教育机构的组织结构应当为建立权威和责任，利用资源实现学位项目的使命、目标提供保障
	学位项目及其与学校整体组织结构的关系应形成文件，明确定义，并可公开查阅
教育单位的自治、结构和领导	教育单位是教育行政部门内独立的、可识别的教育机构
	学位项目或教育单位由具有学科知识和敬业精神的合格管理人领导
	教育单位的组织结构应当鼓励与学位项目、其他学科和其他教育机构有关的行政管理人员、教师和学生之间的沟通、协调和互动
	教育单位和领导机构应当明确并公开
教师参与	教师应当按照教育机构的指导方针，参与教育单位的管理
	教师应按照教育机构的指导方针参与学位项目的维护和管理
对机构的贡献	教育单位和学位项目应当对学校的使命作出贡献

（2）课程

课程指标下设 6 个二级指标，分别是培养方案、通识教育、工商管理、工程管理、学习效果和学习成绩，分别就课程设置和学习成果评定给出了认证标准（表 4–12）。

表 4–12　课程指标

指标	观测点
培养方案	学位项目有责任制订自己的目标和重点，并规定课程的数量、学习顺序、课程编号和名称。培养方案应符合教学理念并与教学单位和学校的宗旨相一致。课程设置应与社会和建筑行业的需求相适应
通识教育	至少需要 6 学时的信息技术课程
	至少需要 3 学时的数学课程
	至少需要 6 学时的物理和环境科学课程
工商管理	至少需要 12 学时的工商管理课程（会计、经济学、工商法、管理原理）
工程管理	至少需要 50 学时的建设工程管理课程

续表

指标	观测点
学习效果	创造：这是学习的最高水平，学生们积极地参与创新项目，融合他们所学到的知识
	分析：学生开始更高层次的思考，他们被要求进行比较和对比，或者把一个概念分解成几个部分来探索内在关系
	应用：学生把正在学习的信息放入语境中，能够在多种情况下集成思想，或者以一种新的方式利用所学到的内容
	理解：学生通过解释、总结、分类或翻译给定的信息来表明他们理解了内容
学习成绩	提供一个索引、表格、课程图或其他形式的课程总结，用于满足 50 个学时工程管理要求的学生学习成果
	每门课程提供一个教学大纲，以支持学生的学习成果。教学大纲应包括与学生学习效果相关的课程学习效果；教学方法；专题纲要；课程学习效果评估方法；评分标准
	评估每一个学生的成绩，至少采用两种评估方法，其中至少一种必须是直接的，并提供一个表，确定每个学生成绩所使用的具体评估方法（注意：如果使用学生小组或小组项目进行评估，那么在这个小组 / 小组环境中也必须有一个过程来评估学生个人的学习成绩）
	提供证据相关评分规则，以及一个学生评分工作的例子，以证明评估工具在评估单个学生成绩时的充分性。使用第三方认证的项目应针对每一个学生的学习成绩提供综合的评估结果
	提供证据证明学生学习效果的正式评估结果已纳入质量改进计划的一部分
	为每个学生的学习成绩提供评估报告，以及后续学习方案和日期

另外，课程指标中也针对其他形式授课、多校区项目和双学位或第二学位等多种情况给出了认证标准，详见表 4–13 所示。

表 4–13　多种形式办学指标

指标	观测点
其他形式授课	被教育机构认可的其他课程可作为学分互换
	学位项目应展示与本标准所列传统课堂授课或实验课相同的课程材料，以评估其他课程。网上课程资料，包括学生作业，可以网上提交，以供评估组查阅，并须以课程编号及学期（或季度）准确识别
	无论授课形式如何，均应对本标准中规定的内容进行评估
	通过两种或两种以上的授课形式（如现场授课和在线授课）的项目，应证明具有相同课程编号的课程具有一致的内容和课程学习效果

续表

指标	观测点
多校区学位项目	学位授予机构一致，该机构可通过全校学生的毕业证书和成绩单作为证据
	学位项目是由一位来自主校区的管理者领导的
	学位项目管理者有足够的权力和经验去领导、监管和发展一个庞大的学位项目
	有足够的教师职员满足不同地理位置的校园的学位项目
	学位项目、学生学习效果和学位要求在所有校园是相同的
	如果涉及多个教育单位支持学位项目，则所有教育单位应当只使用一个学术质量计划来识别学位项目的持续改进的过程，且教育单位促进学位项目成功和持续改进的目标应保持一致。
	确定一个教育单位为学位项目所在地。本单位负责学位项目的顺利实施，是学位项目实施的基地
	不能满足所有这些条件的双学位项目应当独立授权
双学位或第二学位	ACCE 认可的本科学位项目，如接受其他学位项目（第二学位、双等）的学分，或以任何其他方式修改课程，应证明修改后内容应符合项目标准的要求

（3）师资

师资指标下设 7 个二级指标，分别是教师资质、师资规模、教师工作量、后勤支持、聘任政策、激励机制和绩效评价，具体观测点如表 4-14 所示。

表 4-14　师资指标

指标	观测点
教师资质	教师应具备适当的学历、专业经验，从事与实施学位项目至关重要的学术和创造性活动，并符合地区认证组织的要求
	教师应具有专业知识，并在其专业领域具有足够的学术支持背景
	专业经验与教育背景对教师能力的评估同等重要
师资规模	工程管理学院的师资规模应当与开设的课程数量、招收的学生人数和其他职责相一致
	教师规模应与教学类型相适应（面对面教学与在线教学、实验教学与讲座教学、工作室教学等），并与学院内其他规模和功能类似的学位项目相一致
	在分配学位项目师资队伍时，学校应确认每位教师全部的专业职责和服务（除教学任务外）

续表

指标	观测点
教师工作量	教师工作量应当公平分配
	工作量分配是一个复杂的过程，需要管理者进行定性的判断。在确定工作量时，应考虑以下因素：上课时数、实验课时数、备课时数、班级人数、助教人数、辅导及答疑、行政活动、咨询委员会任务、持续教育承诺以及研究活动
行政和技术人员的支持	行政和技术人员的支持应足以维持学位项目使命的完成，并与该机构内其他规模和职能类似的学位项目所享有的支持水平相一致
聘任政策	教师薪酬应有竞争力，以确保有高质量的教师和工作热情
	为保证项目在师资队伍建设中具有竞争力，教育机构应当根据其教育背景和专业经验给予相应的职称、地位、工资待遇和福利待遇
激励机制	教师在专业方面的持续成长是高质量教学的前提。行政政策应规划并确保为教师提供专业发展的机会
	鼓励教师参与咨询工作，只要这种活动不与正常分配的职责相冲突
绩效评价	教育单位应当按照教育机构的一般方针和做法，制订明确的教师考核方案，保证教学质量的持续提高
	这些评估应按教育机构确定的周期进行，包括学生、同行或管理者对教师的评价

（4）学生政策

学生政策指标下设10个二级指标，分别是学术要求、教学质量、招生与录取、生源结构、学术顾问及辅导、课程安排、就业指导、课外活动、学生反馈和财政援助及奖学金，具体观测点如表4–15所示。

表4–15 学生政策指标

指标	观测点
学术要求	与学术要求相关的政策应以书面形式给出，并应根据教师、学生和其他学位项目利益相关者的意见制订。该政策应明确规定符合学位项目目标和学生学习成果的必修课程和可接受的选修课程
教学质量	学位项目应有明确的程序，以确保全职和兼职教师的教学质量，这与学位项目的使命和目标相一致。建立系统评价和指标体系来证明学位项目教学质量的提高

续表

指标	观测点
招生和录取	学位项目的入学要求应体现支持学生在学习和专业实践中取得成功潜力这一标准，同时也应体现整个学院的政策和学位项目的使命和目标
生源结构	学位项目应采取创新和合适的招聘机制以实现对学生构成的期望，招聘对象应是学术成就高、社会参与度高的以及在建筑业有明确职业目标的个人。学位项目的招生和宣传工作与学校其他项目相一致
学术顾问及辅导	学位项目应向学生提供有组织的学术咨询和专业指导体系
课程安排	项目应提供课程形式和时间，以确保及时完成学位项目要求
就业指导	学位项目或其机构应提供学生就业服务，能有效地帮助学生进入就业市场。学位项目应确保学生充分了解就业服务，并有充分的机会获得现有或可能提供的就业服务和机会
课外活动	课外活动提供了宝贵的人际交往和领导经验。因此，应鼓励学生参加补充其学术研究的活动。此类活动应包括参与以行业为基础的专业和行业活动；采用其他方式参加项目，不能参加以学校为中心的课外活动的学生参加本地区的行业组织和其他相关志愿者活动。学生参与课外活动的程度表明了学生群体的团结，促进了学生毕业后对公民身份和专业社团的兴趣
学生反馈	学位项目应采用一种评估策略，系统地将学生反馈作为决策和持续改进过程的一个组成部分
财政援助及奖学金	学校应随时通知学生是否有经济资助，并公布分配标准。学位项目应使学生随时了解奖学金的机会

（5）教学资源

教学资源主要指办公空间、图书资源和信息技术支持，具体指标和观测点如表 4–16 所示。

表 4–16　教学资源指标

指标	观测点
办公室、教室和实验室空间	应提供和维护空间设施，如办公室、教室、实验室和相关设备，以充分支持学位项目的使命和目标；使学生取得所需的学习成果，并为教职员工提供足够的空间
图书馆资源	学生应获得足够的图书馆服务，以达到所需的学习成果，并支持教师的学术和专业活动
信息系统和技术设备	学生和教师应获得足够的计算机设备和软件，使学生获得所需的学习成果，并支持教师的学术和专业活动

（6）财政资源

财政资源主要指预算资金保障和非经常性资金的补充，具体观测点如表4–17所示。

表 4–17 财政资源指标

指标	观测点
预算资金	充足的资金是院校支持学位项目的一个重要指标。工程管理教育单位的财务状况，应当与本单位其他同等规模、同等功能的教育单位相一致
	应为下列项目拨付足够的经费：教师和后勤人员的薪金、教学资料以及为实现所述使命、目标而使学生获得所需的学习成果的必需设备
	预计未来资源应足以确保学位项目实现其计划增长、未来目标的能力
非经常性资金	学位项目的非经常性资金（隐形收入、年度礼品、捐赠等）的来源、数额和使用情况应予查明和记录
	非经常性资金应用于补充政府分配的预算资金，而不是替代下拨的预算资金

（7）行业、校友和公共关系

行业对项目的支持、项目对行业的支持、校企关系、校友关系都列入二级指标，另外，公开信息指标就公共关系事务进行了补充说明（表4–18）。

表 4–18 行业、校友和公共关系指标

指标	观测点
行业支持	咨询委员会的组成由学位项目毕业生的潜在雇主和其他行业专业人士组成
	咨询委员会应每年最少举行一次会议，就学位项目的发展及提升提供意见及协助
	咨询委员会应当予以记录
对行业的支持	学位项目须通过教师积极参与协会及其他专业组织保持联系以服务于建筑业
校企关系	积极鼓励和促进学生参加与工程管理有关的组织、实习、合作办学活动
	对于参加在线课程或通过远程教育参与项目的学生来说，与工程管理相关的工作经验同样重要。了解本地区有关建设单位的实习、合作办学项目和活动情况
校友关系及意见	学位项目应保持现有的校友名册，并在改进过程中征求他们的反馈意见。举办咨询委员会、学生就业辅导、潜在就业、课程回顾及发展、筹募基金及持续教育等活动
公开信息	教育单位应当向社会公众提供经认定的学位项目的信息，表现出负责任的行为
	任何排名不得暗示与 ACCE 认证的联系
	认证期内，认证资格均获授权

（8）学术质量

学术质量下设 4 个二级指标，分别是持续改进、战略规划、学位项目评估规划和学位项目评估实施计划，具体观测点如表 4–19 所示。

表 4–19　学术质量指标

指标	观测点
持续改进	教育单位应当制订质量改进计划（QIP），作为学位项目持续改进的依据。QIP 主要包括三个部分：教育单位战略规划、学位项目评估计划、学位项目评估实施计划
战略规划	负责学位项目的教育单位应当制订全面的战略规划，描述为使学位项目履行其使命而进行的系统和持续的努力
	本战略规划应审查学位项目资源的内部状况以及影响学位项目运行的外部因素
	该策略计划应定期更新，并代表所有学位项目支持者的集体投入
学位项目评估规划	使命
	目标
	项目学习成果
	评估工具
	绩效标准
	评价方法
学位项目评估实施计划	学位项目应全面评估其目标和项目学习成果。至少每年应进行数据收集，以衡量目标的实现情况和项目学习结果
	每个评估周期的结果应形成系统文件。一个完整的周期是对所有 ACCE 学生学习成果的评估，周期不得超过三年
	学位项目目标和项目学习成果的评估应与规定的绩效标准进行比较，以确定是否实现了规定的目标和项目学习成果，以及是否在某些方面存在改进需求
	在每一个完整的评估周期结束后，整个过程都应进行评审和更新，并制订改进计划，包括对学位项目评估计划的修订

4.3　中美英评估认证标准比较

随着工程管理专业的国际化程度日益加强，我国高等教育工程管理专业评估委员会已经与英国皇家特许建造学会和美国工程管理教育委员会签署互认协议，实现了国内通过评估的工程管理专业（本科）毕业生的学士学位被 CIOB、ACCE 所承认，且毕业生在英、美两国申请建造师执业资格时被认可。

从互认要求来看，我国与签署协议的两个机构虽然存在一定的差异，但本质的要求是一致的。下面主要以我国的专业评估认证标准为主要切入点进行对比（表 4–20）。

表 4–20　国内外评估认证标准比较

互认机构	互认依据	互认要求 / 标准
住房和城乡建设部	《高等学校工程管理类专业评估认证标准》	学生发展、专业目标、教学过程、师资队伍、教学资源、质量评价
美国工程管理教育委员会	《工程管理教育本科专业认证标准》	课程、教职员工、学生、设施和服务、与行业的联系、与公众的联系、课程质量和成果评估
英国皇家特许建造学会	《建筑工程本科教育框架》	可持续性、建筑环境、建设管理、工程技术、健康、安全和幸福、职业操守、论文 / 项目

4.3.1　学生发展

学生来源主要通过专业自身的社会影响力带来高质量的生源，我国工程管理专业采取多种措施吸引优秀生源，保持生源质量稳定，海外评估标准中并未明确提出对学生来源的规定；国内对学业指导、职业规划、就业与创业指导和心理辅导都比较重视，而海外高校对就业指导格外重视。虽然政府没有明确规定高校需要负责毕业生的就业，但是就业率决定着下一年学校的生源质量，各高校均对就业指导提出了相应的要求。

4.3.2　专业目标

我国的教学评估为成果导向性，主要关注与行业的适应性。ACCE 关注就业情况的同时，还考虑攻读更高学位的学生情况。另外，在我国的认证标准中没有体现的是，CIOB 要求学生具有可持续发展意识、社会责任感和社会素质，如认识到低能耗的关键原则，关注对环境的影响，减少浪费；RICS 强调包容性和多样性，教育提供者应确保包容性和多样性包含在课程和企业的精神中，而我国更多的是强调创造性。

4.3.3 教学过程

所有认证标准均强调专业目标所要求的强制性和核心能力要映射到教学计划中，使其具备科学性、完整性、合理性，我国标准还特别强调了教学计划的时效性。课程实施上，我国标准要求教学环节合理安排，注重课程间知识的衔接，香港工程师学会（HKIE）则提出学校安排的课程顺序必须要保证深度，也要保证学生有足够的休息时间，同时课程的前置能力需求必须要展示出来。此外，我国的标准突出强调了创新训练的重要性。

4.3.4 师资队伍

海外标准认为教师数量和结构并非认证评估的必要条件，而更加重视教师对学生能力的激发，包容性更高，具有更丰富的教学方法，让学生拥有更好的体验，并且希望教师有能力对学生的水平进行准确且方式丰富的评估。与之相比，国内标准则更加关注教师在教学改革和科研活动上的贡献，认为教师个人的发展与对学生的教育同样重要。如表 4–21 所示。

表 4–21　师资认证标准对比

国内标准	国际标准
教师能力 拥有满足教学需求的能力 **教学和教改** 教学、指导、研究、改革 **科研活动及青年教师发展** 开展科研活动 青年教师具有发展规划 学校给予支持	**教职员工** 学术人员与后勤人员 **教师素质与承诺** 由高素质的学者和专业人士授课 学术人员与实现所需的教育目标和成果一致 **学生体验** 教师关怀，学术支持 **内部质量保证** 定期审核及任务布置以确保计划的相关性和有效性 **评分标准** 鼓励学生采用各种方法来完成复杂的技术任务 **包容性和多样性** 确保包容性和多样性包含在课程和企业精神中

4.3.5 教学资源

RICS 指出要有基本的信息资源、教学设施，我国标准在此基础上还提出教学经费要充足；CIOB 则对于工业实习、实地考察以及专家教授的客座讲座作出了要求。

4.3.6 质量评价

ACCE 将雇主或实习主管对学生的直接评价作为重要的考量因素，国内标准同时考虑培养目标达成度、师生满意度等内部评价及毕业生满意度、社会声誉等外部社会评价，更为全面。

对比发现，美英两国的工程管理教育更加重视对学生综合素质的培养（通识教育），要求其受到全面均衡的教育，培养其自我学习和完善的能力，而不是单纯强调专业知识和能力的训练。同时，也更加重视学校教育与今后获得职业资格的衔接，强调学生通过学习达到专业协会对行业准入的基本资质要求。

5 我国工程管理专业发展研究

1999 年 11 月建设部组织开展了首次工程管理专业评估，同济大学、哈尔滨工业大学、西安建筑科技大学、清华大学、重庆大学和东南大学六所院校成为第一批参评院校。截至 2018 年 5 月，全国共有 52 所高等学校工程管理专业参加了评估认证工作。

5.1 工程管理专业评估认证标准

最新一轮专业评估的认证标准《高等学校工程管理类专业评估认证文件（适用于工程管理和工程造价专业）（2017 年版，总第 3 版）》与《全国高等学校工程管理专业（本科）教育评估标准（2009 年修订）》的指标体系有较大的变化。如表 5–1 所示。

表 5–1 两版评估认证指标对比

<table>
<tr><th colspan="2">2009 年修订版</th><th colspan="2">2017 年版</th></tr>
<tr><td>一级指标</td><td>二级指标</td><td>一级指标</td><td>二级指标</td></tr>
<tr><td colspan="2"></td><td>学生发展</td><td>学生来源、成才环境、学生指导、过程跟踪</td></tr>
<tr><td>教育质量</td><td>德育标准、智育标准、体育标准</td><td rowspan="2">专业目标</td><td rowspan="2">专业定位、培养目标、指示要求、能力要求、素质要求</td></tr>
<tr><td>专业特色</td><td></td></tr>
<tr><td>教学过程</td><td>思想政治教育工程、教学管理与实施</td><td>教学过程</td><td>教学计划、课程实施、实践环节、毕业设计、创新训练、教学管理</td></tr>
<tr><td rowspan="2">教学条件</td><td rowspan="2">师资队伍、教学资源、教学设施、实习条件、教学经费</td><td>师资队伍</td><td>教师结构、教师能力及发展、管理人员</td></tr>
<tr><td>教学资源</td><td>信息资源、教学设施、教学经费</td></tr>
<tr><td colspan="2"></td><td>质量评价</td><td>内部评价、社会评价、持续改进</td></tr>
</table>

在这两版的指标体系中，教学过程、教学资源以及师资队伍（相当于 2009

版的教学条件）三个一级指标都有出现。但在 2017 版中，将教学过程分解得更加具体细致，并且对各部分都有明确清晰的要求；教学资源方面显著的变化是对于信息资源的重视；师资队伍方面，新增了对教师能力及发展的要求。

在 2017 版中，学生发展和质量评价这两个一级指标是 2009 版中所没有的，体现了住建部对于工程管理专业本科人才培养方式的核心理念，即以学生为中心、成果导向和持续改进。

5.2 工程管理专业的人才培养

新经济快速发展迫切需要新型工科人才的支撑，需要高校面向未来布局新工科建设，探索更加多样化和个性化的人才培养模式，培养具有创新创业能力和跨界整合能力的工程科技人才。

从中美英人才培养目标（表 1–1）中可以看出，英国的高等学校和行业协会共同完成建筑工程管理人员从初级人才到业内高级人才的培养过程，真正体现专业人员终生教育的理念。例如：英国开设建筑工程管理专业的高等学校必须通过 RICS、CIOB 的评估，否则学校毕业生不能得到社会承认，难以进入专业所对应的行业工作。RICS 和 CIOB 的认证不仅是进入建筑工程管理行业的门槛，也为学生今后申请成为行业协会正式会员奠定必要的知识和学历基础。同时，这些行业协会还提供继续教育，完成初级人才到业内高级人才的培养过程。

我国在 2018 年 7 月发布的最新《造价工程师职业资格制度规定》建人〔2018〕67 号第十二条第（二）款明确规定：具有通过工程教育专业评估（认证）的工程管理、工程造价专业大学本科学历或学位，从事工程造价工作满 4 年可参加一级造价工程师考试，其他工学、经济学、管理学门类的本科学历需要 5 年。《造价工程师职业资格考试实施办法》第九条第（三）款明确规定：具有经专业教育评估（认证）的工程管理、工程造价专业学士学位的大学本科毕业生，参加二级造价工程师考试时可免考基础科目。可以看出，我国在高校与行业之间已经建立起融合机制，以满足学生未来终身学习的需要和创新创业的需要。同时，在 2017 版工程管理类专业评估认证标准的“毕业要求”中聚焦解决复杂工程问题能力的培养，以及秉承技术与非技术能力同等重要的思想，更加注重学生素质教育、价值塑造和能力培养。

5.3 工程管理专业的课程体系与教学体系

工程管理教育的核心理念可以用图 5–1 表示，学生中心、成果导向及持续改进贯穿培养全过程，这包括在校期间、毕业时及毕业后。

5.3.1 学生中心

按照 2017 版的“毕业要求”，培养的学生应具有以下能力：①问题分析的能力，要能够分析复杂的工程管理问题，需要掌握基本原理，不可仅程序性、技能型教学；②设计 / 开发解决方案的能力，本专业学生需要分析问题、解决问题的能力，需要设计思维和相关的科学训练；③研究能力，需要专业理论和方法，需要创新和评判性思维。

学生中心不仅是技术能力和非技术能力的培养，而是跟踪、关注全体学生全面成长的全过程，是以学生发展、学生学习以及学习成果为核心原则。维度上覆盖知识、能力、心理和素质发展，包含学习指导、职业规划、就业指导和心理辅导的各个方面；过程上贯穿招生、培养、毕业，也包含对转专业学生的关注；机制上要求进行学习过程的跟踪、形成性评价以及及时的警示、帮扶；执行过程上要求从制度出发，并且做好记录。

5.3.2 成果导向

学生毕业时所达到的要求，以及毕业后一段时间达到的专业成就（体现于培养目标）集中反映了工程教育的成果。成果导向理念是培养目标对毕业要求的引领，以及毕业要求落实到课程支撑和教学资源的配置，最后，必须通过达

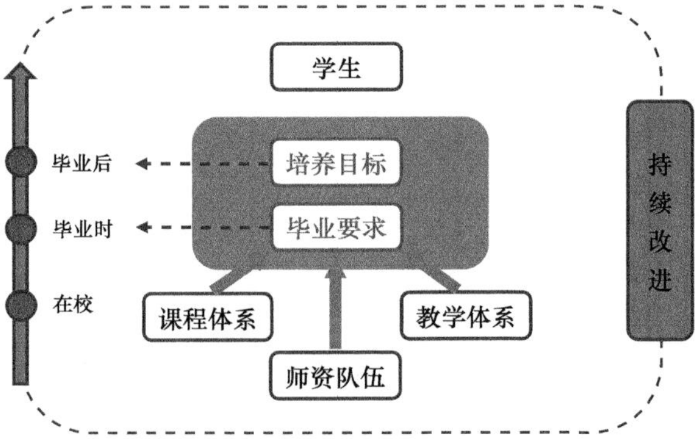

图 5–1 工程管理教育的核心理念

成评价给予证明。在此理念上，首先，课程体系需按照期望学生达到的毕业要求（包含知识、能力和素养要求）进行组织。其次，教学活动要关注学生取得学习成果的方法、实际学习成果以及评估方法，教学组织体现以学生为中心，激发学生主动学习和有效学习，教学过程突出学生深度参与、与实践体验的紧密结合以及评判性思维养成等。最终要以学生学习成果的评价来改进教学，用多种方式评价、跟踪、反馈及改进等形成持续改进机制。

5.3.3 持续改进

持续改进理念的内容则是建立教学过程质量监控机制，建立毕业生跟踪反馈机制以及有高等教育系统以外有关各方参与的社会评价机制，对培养目标是否达成进行定期评价，并能证明评价的结果被用于专业的持续改进。

要求各主要教学环节有明确的质量要求，通过教学环节、过程监控和质量评价促进毕业要求的达成，定期进行课程体系设置和教学质量的评价等。具体实施过程中，如培养目标和毕业要求的定期修改制度及其参与者和过程记录；课程设置完善机制；课程内容与时俱进，课程大纲修订能表现出对于实现毕业要求的支撑；实践教育方面有完善的硬件条件，实现过程跟踪，最后的成绩评定合理；建立院系层面教学质量保证体系等。

成果导向理念关系到专业课程体系与教学体系的科学性和执行过程的有效性，持续改进理念则保证能及时发现体系存在的问题并明确可行的改进，二者一同指导着课程与教学的发展。

5.4 建议与展望

通过分析比较境内外工程管理专业的课程体系与教学体系，境内工程管理专业相较于境外还是存在一些差异的，如以下三个方面。

（1）培养目标的设置

境内的培养目标主要关注与行业的适应性。ACCE 关注就业情况的同时，还考虑攻读更高学位的学生情况；CIOB 要求学生具有可持续发展意识、社会责任感和社会素质；HKIE 的培养目标要求能够展示健康、安全和环境考虑的重要性；RICS 强调包容性和多样性。可见，境外工程管理专业的教育更为侧重于学生综合能力的培养，强调全球化的视野，并对国际经济和商业活动的规则要有较深的理解把握。各高校的本科教育对执业资格认证有较强的针对性，重视学生对课程的理解和实践，就业导向的本科高等教育所占比例较高。

（2）课程设置的重点

工程教育认证所称的“成果”，就是面向全体合格毕业生的培养目标和毕业要求及其达成，课程体系是支撑成果导向的重要因素。通过比对境内外相关大学的课程设置，境内一般将工程与管理两个领域的知识分别进行梳理，注重工程技术和管理能力的培养，即设有管理学、项目管理、成本管理和合同管理等经济管理知识，相对的经济、管理类课程所占比例较大，以使学生对基础知识和交叉学科理论进行深入理解，培养学生的综合思维和就业能力。而境外大学一般偏重于有关工业技术的学习，工程技术类课程一般在50%以上，学校鼓励学生掌握新概念，拥抱新技术和开创未来，全面发挥应对全球社会面临的主要挑战所需的应对措施。

（3）教学实践环节

根据住建部高等教育土木工程专业评估委员会发布的《工程教育专业认证的工程教育专业认证的性质、理念和准备》来看，我国工程管理专业认证标准的核心理念之一就在于学生中心。学生中心，即指以学生发展为中心、以学生学习为中心，以学习成果为中心，这意味着培养方案制订和课程设置的出发点在于集中反映出专业指导者和教师是否以帮助学生成为合格工程师为宗旨。因此，国内对学习指导、职业规划、就业与创业指导和心理辅导比较重视，强调了一种人文关怀；而海外高校普遍对就业指导更加重视，专业实习计划通过让学生了解真实项目的各种施工管理功能来补充课堂学习的知识，在报名参加实习课程之前，学生必须完成一定时长的可验证工作经验。相对来说，我国工程管理专业实践课程占总课时的比例较少。对于实习的重视，可以增长学生们的经验，而且学校的介入与监管可以确保实习单位的资质和学生实习的人身权益安全。

基于以上的分析，本书对于国内工程管理专业课程体系与教学体系拟提出以下建议。

① 根据我国工程教育专业认证标准，要形成以学生发展、学习为中心，以成果为导向的核心理念，要求教学环节有明确的质量要求，通过教学环节、过程监控和质量评估促进毕业要求的达成，并且定期进行课程体系设置和教学质

量评价。

② 明确培养目标，对技术型人才和研究型人才的培养同样的重视，加强学生的实际操作经验的培养。

③ 重视实践经验的培养。基于工作的学习，让学生在工作场所（真实或模拟）中接受专业或职业工作的评估，并从所在行业的相关人员那里获得反馈。帮助学生成功掌握工作场所所需的广泛技能，为学生提供各种以就业为导向的举措和不断扩大通过实习和交流的体验式学习机会。

④ 致力于培养学生可持续发展意识、社会责任感和社会素质，如认识到低能耗的关键原则，关注对环境的影响，减少浪费等。将可持续发展意识纳入大纲中，对学生可持续发展意识提出具体要求和评估。

⑤ 提高教师教学的主动性和交互性，通过采取过程跟踪评估学生的长处和弱点，并识别补救措施。将教师的工作重心更多地放到对于学生的教学和评估上，努力确保毕业生具备在专业方面表现出色所需的知识，使学生发展的同时也激发其学术和个人专业潜能，为学生参与提供包容性环境，并使其成为未来的领导者。教师可在不影响学术标准和质量的前提下，与他人一起扩大学习机会，增强个人能力。

工程管理专业经过二十几年的建设，在向纵深发展的同时又遇到“新工科”、卓越工程师教育、大数据、智能化及 BIM 等新挑战，工程管理教育应面向未来，辨析工程管理人才需求，拓展专业人才培养的内涵，本着学生中心、成果导向、持续改进的理念，以国家一流本科专业建设为契机，巩固本科教育，深入推进新工科专业改革。

参考文献

[1] 丁烈云 . BIM 应用 · 施工 [M]. 上海：同济大学出版社，2015.

[2] 陈以一，张伟平 . 本科工程专业要立足于培养工程师——工程教育认证的“成果导向”理念与本科专业定位 [J]. 高等建筑教育，2019，28（03）：63-69.

[3] 乐云，郑弦，马亮 .《华盛顿协议》对我国工程管理专业评估的启示 [J]. 高等建筑教育，2015，24（05）：22-27.

[4] 王广斌 . 智慧建造与建筑业的管理范式变革 [N]. 中国建设报，2018-05-11（006）.

[5] 刘贵文，彭瑶，吴博 . 中英建筑工程管理专业培养方案比较研究 [J]. 中国大学教学，2006（12）：49-51.

[6] 汪应洛，王能民 . 我国工程管理学科现状及发展 [J]. 中国工程科学，2006（03）：11-17.

[7] 赵松，康璇 . 国际项目管理核心理念发展与提升 [J]. 价值工程，2018，37（21）：17-19.

[8] 李学征，张秀丽，程凯峰 .2012—2017 工程管理专业发展研究分析 [J]. 价值工程，2018，37（14）：188-190.

[9] 颜红艳，胡灿，周春梅 . 基于 CDIO 的工程管理专业人才培养体系构建 [J]. 湖北经济学院学报（人文社会科学版），2018，15（03）：63-67.

[10] 顾湘，邓亚兰，杨宇 . 国际评估对工程管理专业建设与发展的影响探讨 [J]. 高等建筑教育，2016，25（03）：29-33.

[11] 刘光忱，王春霞，李欣 . 新时期工程管理专业人才培养现状及对策分析 [J]. 建设监理，2016（01）：9-11.

[12] 曾德珩，杨宇，任宏 .《工程管理本科指导性专业规范》的研究与制定 [J]. 高等建筑教育，2015，24（02）：15-20.

[13] 王雪青，杨秋波 . 中美英工程管理专业本科教育的比较及其启示 [J]. 中国大学教学，2010（06）：36–39.
[14] 李善波，姚玉蓉，毛晔，等 . 工程管理专业建设与发展方向探讨 [J]. 廊坊师范学院学报（自然科学版），2008，8（06）：60–62.
[15] 王立国 . 工程管理本科专业的培养目标和课程设置思考 [J]. 高等建筑教育，2008（02）：4–7.
[16] 严伟 . 对工程管理专业教育的几点探讨 [J]. 高等建筑教育，2004（02）：18–20.
[17] 张建平 . 工程管理专业培养目标的实现与课程设置 [J]. 高等建筑教育，2003（03）：60–61.
[18] CIOB Undergraduate Education Framework. The Chartered Institute of Building，2018.
[19] RICS Global Accreditation – Policy and Processes. Royal Institution of Chartered Surveyors，2019.
[20] ACCE Standards and criteria for accreditation of bachelor's degree construction education programs. American Council for Construction Education，2018.